依据最新财税政策、企业会计准则编写

新手学出纳

从入门到精通

真账实操版

刘璐 著

化学工业出版社

·北京·

内容简介

《新手学出纳从入门到精通》（真账实操版）从出纳人员应知、应懂、应会出发，结合企业财务工作运转过程中的各项实际业务，全面介绍了出纳人员的职业、权限，应掌握的基本技能、工作流程。同时，又根据出纳的职责，分别具体介绍了其在会计凭证管理、账簿管理、现金收付、银行结算、银行账户管理、税务登记、社保办理等各个板块的工作流程、技巧与方法。

本书紧紧结合企业所发生的各项经济实际业务撰写，操作规范清晰、流程解读详细，图文结合，并穿插了大量真账实操案例，使各项出纳业务更具有实践性。同时每章后都配有最常用的单据模板（每个模板都制作成了二维码的形式，可以随时用手机查看或下载使用），方便读者随查随用，以便新手出纳“一看就懂、一学就会、现查现用”，轻松掌握出纳操作技能，快速胜任出纳工作。

本书适合出纳新手、在职会计人员、企业经营管理者、企业培训及咨询人员、高校财务管理专业等师生阅读和使用。

图书在版编目（CIP）数据

新手学出纳从入门到精通：真账实操版 / 刘璐著．
—北京：化学工业出版社，2018.11（2023.10重印）
ISBN 978-7-122-32883-0

Ⅰ.①新… Ⅱ.①刘… Ⅲ.①出纳－基本知识 Ⅳ.
① F233

中国版本图书馆 CIP 数据核字（2018）第 193591 号

责任编辑：卢萌萌　　文字编辑：谢蓉蓉
责任校对：王鹏飞　　装帧设计：芊晨文化

出版发行：化学工业出版社（北京市东城区青年湖南街 13 号　邮政编码 100011）
印　　装：北京科印技术咨询服务有限公司数码印刷分部
710mm×1000mm　1/16　印张 15½　字数 250 千字　2023 年10月北京第 1 版第 6 次印刷

购书咨询：010-64518888　　售后服务：010-64518899
网　　址：http://www.cip.com.cn
凡购买本书，如有缺损质量问题，本社销售中心负责调换。

定　　价：58.00 元

出纳是一项重要的工作，是任何企业职位设置中必不可少的岗位。按照规定，只要依法成立，以盈利为目的的企业都必须设置出纳岗位，而且要独立于其他任何岗位而存在。

本书是一本专门为出纳新手而编写的入门指导书，既包含出纳理论知识，又对出纳工作的基本实操进行了全面分析。本书实用性强，体系完整，内容深入浅出，循序渐进，旨在帮助广大出纳新手解决日常工作中所遇到的各种问题和困难。

全书内容包括出纳工作概述，出纳人员职责、分工，出纳应具备的基本素质、应掌握的基本技能、如何填制各类会计凭证，如何进行现金管理，如何进行银行账户管理及税务登记、社保办理等。本书紧紧围绕出纳工作所涉及的各项业务来撰写，以实务、实操为原则，让读者在最短时间内对出纳工作有一个通透的、全面的了解。同时，每章还都配有“常用单据模板索引”，可供读者参考，随查随用，有助于及时了解工作中可能用到的单据、表格模板，大大提升工作质量和工作效率。

本书参考了大量全新的出纳、财务、税务知识，精心提炼了很多实用的方法和技巧，旨在帮助每位初学者能学好出纳，做好自身工作，适合新入职的，或即将从事出纳工作的新人阅读和参考。

本书有三大特色：

第一，注重实操。本着实务、实操的原则，对每个知识点进行了拆分，化大为小，注重细节，将知识融入实操当中。

第二，通俗易懂。本书本着让每位初学者都读得懂、学得会的原则，在语言上力争做到化繁为简，用简练、通俗的语言来阐述每个知识点，让人一看就懂，一学就会。

第三，可读性强。如何让枯燥的文字活起来也是本书编著者长期考虑的一个问题，因此，本书采用多图多表的行文形式，力争使内容图文并茂，大大增强了可读性。

在本书出版过程中，获得了张丽萍、魏艳、苗李敏、丁雨萌、苗小刚等人的大力支持，他们或提供资料，或讲述自己的经验，本书正是大家群策群力，集多人之智慧才能编撰而成，在此一并表示感谢。

由于时间和水平所限，书中难免有疏漏之处，恳请广大读者批评指正。

著者

2019 年 6 月

Contents 目录

第 5 章 账簿的填制和管理

第 6 章 现金管理

第7章 银行账户管理

第 9 章　辅助缴纳社保

第 10 章　离职与交接工作

参考文献

第1章

出纳工作与出纳人员

出纳是一个专业会计术语，通常是指出纳工作，所有出纳工作均由出纳人员完成。出纳包括本企业的现金收付、银行结算、现金保管、有价证券、财务印章及有关票据的保管等。出纳人员需要按照有关规定、制度办理这些事项。

1.1 出纳工作概述

1.1.1 出纳工作的定义

出纳工作，从字面上理解可分为“出”和“纳”两个部分，“出”即支出，“纳”即收入。把握住这两点，就抓住了出纳工作的核心和精髓，只要能真正理解和搞懂这两部分，以及两部分之间的关系，在实践中工作起来就会得心应手。那么，如何更具体地理解出纳工作的定义呢？我们先来看看行业通用解释。

按照行业通用的解释，所谓出纳就是按照有关规定和制度，办理现金收付、银行结算及有关账务，保管库存现金、有价证券、财务印章及有关票据等工作的总称。其实，这是比较笼统的，在实际中出纳还有广义和狭义之分。狭义上的出纳仅指单位会计部门下属的专设岗位，工作范畴也只包括较简单的现金业务，如现金收付、银行结算及有关账务等，有时也包括本单位交付的特定工作；广义的出纳工作范畴则比较广，不仅仅包括现金业务，还包括非现金业务。如办理货币资金核算，有价证券的管理，票据的整理与保管等。

从定义中看，无论狭义上的概念还是广义上的概念，出纳工作大体上可分为 3 个部分，即现金收付、银行业务部分，货币资金、票据部分，各类有价证券部分。具体如图 1-1 所示。

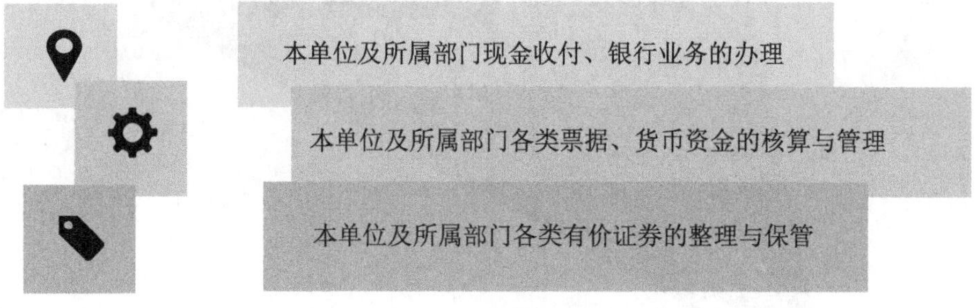

图 1-1 出纳工作 3 个主要组成部分

1.1.2 出纳工作的职能

出纳是企事业单位、社会团体中非常重要的一个工种，是财务工作的重要组成部分和有益补充。完善的出纳制度、高素质的出纳人员，在企业的生存与发展中起着至关重要的作用。这是因为出纳工作有多种职能，扮演着多种“角色”，如收付、反映、监督和管理等。出纳工作的 4 大职能，具体如图 1-2 所示。

收付职能

出纳的最基本职能。主要负责单位经营过程中的现金收付、银行业务往来款项的结算，以及各种有价证券的办理。

反映职能

主要负责对企业货币资金、有价证券在现金与银行存款日记账、各种明细分类账上的记录与核算，保证日清月结，确保其安全和完整无缺。

监督职能

对企业的各种经济业务，尤其是货币资金收付业务的合法性、合理性和有效性进行全过程的监督，确保其合法合理和高效利用。

管理职能

保管资金、有价证券及各种票据。同时也包括对企业资金的使用进行评估、分析和研究，为企业投资决策提供金融信息和依据。

图 1-2　出纳工作的 4 大职能

1.1.3　出纳工作的特点

任何工作都有自身的特点和规律，出纳工作同样如此。出纳工作的特性具有双重性：第一，作为会计工作的主要组成部分，具有一般会计工作的特点；第二，作为一个专门的岗位，一项专门的技术，同时又具有自身的特殊性。

只有对这些特点及要求进行深入了解，才能进一步认识出纳工作的性质。出纳工作具体可总结为以下 5 个特点。

（1）政策性

出纳工作中出纳人员要做的第一件事就是学习、了解、掌握财经法规和制度，提高自己的政策水平，明白哪些该做、哪些不该做，哪些该抵制。

出纳工作中所涉及的业务必须符合相关法律法规，如《中华人民共和国会计法》（以下简称《会计法》）、《会计基础工作规范》等。所有的行为都必须符合法律法规的规定。因此，作为一名出纳，不掌握相关政策法规就无法做好工作，不按政策法规办事就违背了职业纪律和道德。出纳工作涉及的相关法律法规如表 1-1 所示。

表 1-1 出纳工作涉及的相关法律法规

序号	相关法律法规
1	《中华人民共和国会计法》
2	《会计基础工作规范》
3	《企业会计准则》
4	《中华人民共和国现金管理暂行条例》
5	《支付结算办法》
6	《票据管理实施办法》
7	《正确填写票据和结算凭证的基本规定》
8	《中华人民共和国税收征收管理法》
9	《主要税种暂行条例》
10	《会计档案管理》
11	《中华人民共和国商业银行法》
12	行业、企业中的特殊法律法规

（2）专业性

众所周知，会计工作专业性十分强，而出纳工作隶属于会计范畴，是会计工作中重要的一部分，因此必定具备会计专业性的特点。这也要求从事出纳工作的人员必须具备专业知识，受过专业的教育培训。

（3）广泛性

出纳工作范围非常广，包括现金的收付、登记、存取，印章、空白收据、有价证券的进出等。有时还需要跨行业，跨职业的知识。因此，出纳工作具有广泛性，需要了解和掌握专业知识和技能，及相关领域的知识和技能。

（4）复杂性

在企业中，只要涉及与货币资金有关的业务，往往是最繁杂的。而出纳工作的核心就是处理与货币资金有关的一切业务，因此其工作也就具有复杂性。出纳的货币资金业务内容如图 1-3 所示。

（5）时间性

时间性或者叫及时性，是出纳工作另一个特点，即必须在规定的时间内保质保量地完成所交付的工作。员工工资的发放、银行对账单的核对等必须及时，严格按照时间规定完成，一旦延误可能给企业造成重大损失。

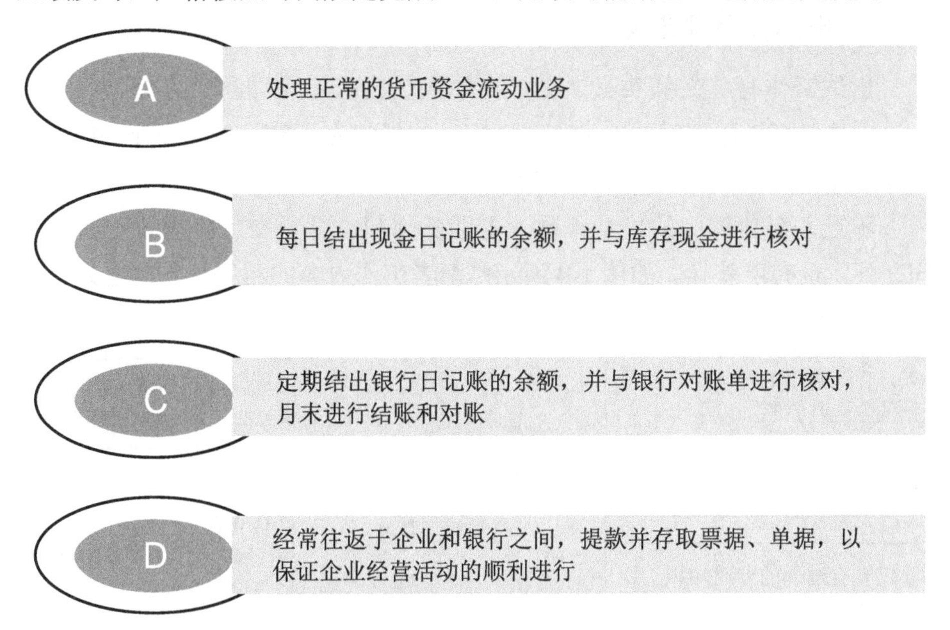

图 1-3　出纳的货币资金业务内容

1.1.4　出纳工作的钱账分管原则

钱账分管是出纳工作的最基本原则，所谓钱账分管即是指管钱的不管账，管账的不管钱。根据《会计法》第三十七条规定：“会计机构内部应当建立稽核制度。出纳人员不得兼管稽核、会计档案保管和收入、费用、债权债务账目的登记工作。”涉及款项和财物收付、结算及登记的任何一项工作，都必须由两人或两人以上分工协作，以起到相互制约作用。

例如，现金和银行存款的支付，应由会计主管人员或其授权的代理人审核、批准，出纳人员付款，记账人员记账；发放工资，应由工资核算人员编制工资单，出纳人员向银行提取现金和分发工资，记账人员记账。

设置钱账分管的目的是为了进一步防止出纳人员徇私舞弊。因为出纳是一项特殊的职业，整天接触大把大把的金钱，成千上万的钞票，真可谓万贯钱财手中过，没有良好的职业道德，很难顺利通过“金钱关”。如果稽核、档案保管都由出纳一人经手，很可能会采用抽换单据、涂改记录等手段进行舞弊。因此，钱账分管可防止出纳人员营私舞弊，维护国家、企业的财产安全。

1.2 出纳人员的职责与分工

1.2.1 出纳人员的定义

出纳工作有广义和狭义之分，出纳人员也有广义和狭义之分。狭义的出纳人员仅指会计部门的出纳人员；广义的出纳人员除了包括会计部门的出纳人员外，还包括各个业务部门的收款员。

不过，会计部门的出纳人员与各业务部门收款员在工作内容上既有相同之处，也有所差异。如图 1-4 所示是两者工作内容的相同与不同之处。

相同之处：

- 办理货币资金和各种票据的收入，保证经手的货币资金和票据的安全与完整
- 填制和审核原始凭证
- 不仅要有过硬的专业知识，还要具备良好的财经法纪素养和职业道德修养

不同之处：

- 由他们将各种票据和货币资金的收入转交给专职出纳
- 只负责收入、保管、核对与上交，一般不专门设置账户进行核算

图 1-4 出纳人员与收款员工作内容的相同与不同之处

1.2.2 出纳人员的职责

不同岗位有不同的职责，出纳工作中涉及的现金收付、银行结算等活动都直接关系到国家、企业、个人等多重利益。一旦出现差错可能会造成无法挽回的损失，因此要想做好出纳工作，出纳人员必须明确自身的职责。

根据《会计法》和《会计基础工作规范》等法规规定，出纳人员需要担负起以下职责：

（1）办理现金收付和银行结算

按照国家有关规定，出纳人员有办理现金收付和银行结算业务的职责。职责内容有 4 项，如图 1-5 所示。

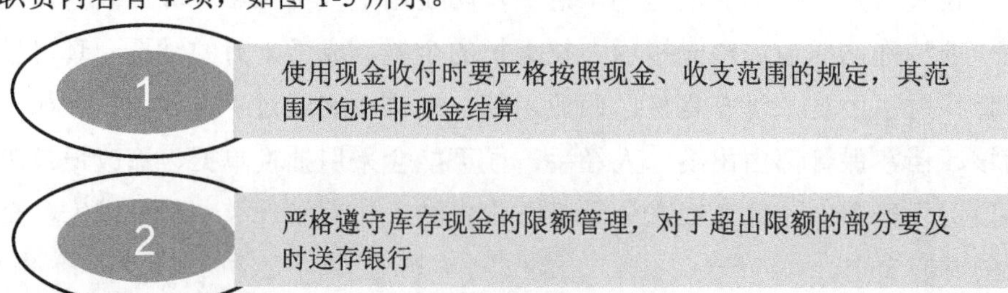

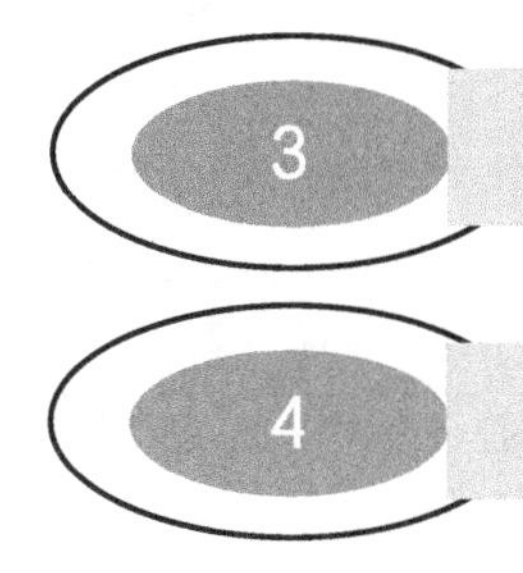

对库存现金要日清月结，即每天下班前应核对账面余额与库存现金余额，及时发现问题并查对

及时核对银行存款日记账和银行对账单，发现问题要及时与银行沟通，进行调整

图 1-5　办理现金收付和银行结算业务的职责

需要注意的是，在具体办理时还需要严格按照要求进行，具体可分为三步，如图 1-6 所示。

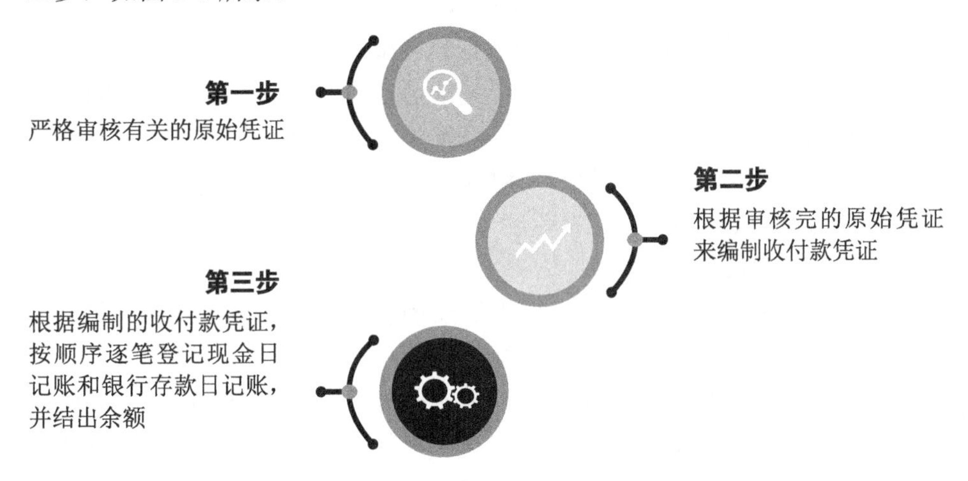

图 1-6　办理现金收付和银行结算的步骤

（2）对支票进行结算和银行账户进行管理

出纳人员有按照规定对支票进行结算和对银行账户进行管理的职责。同时要做到严格遵守纪律，清楚掌握银行存款的余额，不得签发空头支票，更不能出租或出借银行账户为其他企业办理结算，从而维护经济秩序。出纳人员填写支票时的注意事项如表 1-2 所示。

表 1–2　出纳人员填写支票时的注意事项

序号	注意事项
1	支票正面不能有涂改痕迹，否则作废
2	受票人如果发现支票填写不全，可以补记，但不能涂改
3	支票的有效期为 10 天，日期首尾算一天，如遇节假日顺延

续表

序号	注意事项
4	支票见票即付，不记名
5	出票单位现金支票背面有印章盖模糊了，可把模糊印章打叉，重新再盖
6	转账支票印章模糊的，不能重新盖章，而是需要收款单位带转账支票，及银行进账单到出票单位开户银行去办理

（3）保证库存现金和各种有价证券的安全与完整

根据自身的情况对现金和各种有价证券（如国库券、债券、股票等）建立保管责任制，分工明确。如果发生短缺，要及时查明原因，属于谁的责任由谁承担。比如，查出责任在出纳人员，则由出纳人员进行赔偿。

（4）妥善保管有关印章、空白收据和支票

出纳人员要对企业印章、空白票据给予高度重视，安全保管，如果丢失印章和空白票据将会给企业带来经济损失。企业要对财务印章和出纳人员的名章实行分管，出纳人员要严格按照规定用途使用其保管的出纳印章，还要办理各种票据的领用和注销手续。

（5）办理外汇出纳业务

按照国家外汇管理和结汇、购汇制度的相关规定，办理外汇业务也由出纳负责，主要负责外汇业务的结算和核算。

随着国际的经济往来越来越多，涉及的外汇方面也越来越多，进而外汇出纳的工作也越来越重要。该工作具有很强的政策性，作为外汇出纳人员一定要熟悉国家外汇管理制度，及时办理结汇、购汇、付汇，防止国家外汇流失。

1.2.3 出纳人员的分工

通常来讲，企业会根据业务类型对出纳人员进行分工，保证公司内外都有专人负责。因此，出纳人员分工一般有两种，即内勤出纳和外勤出纳。两种出纳负责的工作范畴如图 1-7 所示。

内勤出纳

负责公司内部的相关业务，如费用报销、库存现金和银行存款管理等

外勤出纳

负责公司外部的相关业务，如与银行接触、公司税务的办理等

图 1-7 内勤出纳、外勤出纳负责的工作范畴

在规模较大，业务量较多，工作流程较繁杂的大型企业，还可进一步细分，设有多个出纳人员，各个业务，甚至一项业务的不同环节，都要配备一名专门的出纳人员，如财务出纳、税务出纳、现金出纳、银行出纳以及其他出纳等。

其实，无论分工多么细致，最终目的都是相同的，即每类出纳人员都有义务遵守《会计法》《会计基础工作规范》等相关法规的规定，共同维护企业的利益。

1.3　出纳人员的基本素质

所谓“国有国法，家有家规，无规矩则不成方圆。”出纳工作看似简单，实际上受很多规矩的“束缚”。无论是行业层面，还是企业层面，都会对出纳工作人员提出高要求。一名合格的出纳人员，至少应符合以下 5 点要求。

（1）熟悉国家政策、会计法律法规

一名合格的出纳人员要知道哪些该干，哪些不该干，哪些是该提倡的，哪些是该抵制的。这就需要熟悉相关的国家政策、会计政策法规和制度。既要遵守《会计法》《会计基础工作规范》等的规定，也要遵守企业内部自己的财务规定和制度。

（2）具有熟练的业务技能

出纳是一项技术性工作，会打算盘、会用财务软件，熟练点钞票以及较强的数字运算能力等。因此，作为一名出纳人员除了善于处理常规的会计事务，还要掌握综合性的业务技能，平时多注意学习，参加业务培训，以全面提高自己的业务技能和水平。

（3）具有严谨的工作态度

出纳人员每天要和计算、核算等细致入微的工作打交道，每天经手的收支也很多，稍有不慎就会造成巨大损失。所以，出纳人员必须具备严谨的工作态度，集中注意力，在工作中要全身心地投入，以避免被外界因素所干扰；严谨细致，收支计算准确无误，手续完备，不发生工作差错；遇到问题沉着冷静善于随机应变，变被动为主动。

（4）具有较强的安全意识

出纳人员要具备一定的安全意识，因为该岗位涉及企业的大量现金，有价证券、票据、各种印鉴等，都是重要的票证。一旦出现意外，将会给企业造成重大损失。对于出纳个人而言，也需要承担相应的责任。因此，出纳必须具有十分强的安全意识，高度重视对现金、有价证券、票据、各种印鉴等的保管与管理。

（5）具有良好的思想品德和职业素养

评价一个人的工作业绩，不仅仅是看其是否有高超的工作技能，更在于内在的品德和素养。作为一名出纳人员必须具备良好的思想品德和职业素养，爱岗敬业，遵纪守法，洁身自好，实事求是，保守机密，不泄露商业秘密，不损害企业利益，牢固树立为国家、为企业、为客户服务的理念。

第2章

出纳应掌握的6项技能

出纳工作中的各项业务都非常严谨，要求出纳人员做到快速、准确无误。因此对于初学出纳的人而言，首先要强化业务能力，提高专业技能，如熟练数字的运算能力，假币的识别能力、发票真伪的识别能力等。

2.1 技能 1：正确书写文字和数字

2.1.1 阿拉伯数字的书写规则

0、1、2、3、4、5、6、7、8、9 十个阿拉伯数字对于普通人来讲，书写没有什么特殊要求，但对出纳人员则不同。出纳人员在书写阿拉伯数字时必须按规定书写，掌握正确的书写方法。

财务行业对阿拉伯数字的书写有特殊要求，写一手准确的数字对出纳人员来讲非常重要，它体现了职业性和专业性。

具体的书写要求如下：

（1）账表凭证上的书写要求

账表凭证上阿拉伯数字的规范写法如图 2-1 所示，具体的规则如表 2-1 所示。

1	*2*	*3*	*4*	*5*	*6*	*7*	*8*	*9*	*0*

图 2-1　账表凭证上阿拉伯数字的规范写法

表 2-1　账表凭证上阿拉伯数字的书写规则

规则	内容
规则 1	书写顺序自上而下，先左后右
规则 2	每个数码独立有形，使人一目了然，不能连笔书写
规则 3	数字不能与表格相垂直，倾斜度约 60°
规则 4	高度以账表格式的二分之一为准
规则 5	数字要靠在底线上，除 6、7 和 9 之外（6 伸至上线的四分之一处，7、9 抵至底线的四分之一处）
规则 6	0 不要有缺口
规则 7	4 的顶部不封口
规则 8	同行的相邻数字之间要空出半个阿拉伯数字的位置

（2）关于金额角、分的写法

在无金额分位格的凭证上，所有以元为单位的阿拉伯数字除表示单价等情况外，一律写到角分，无角分的，角位和分位可写成“00”，或符号“－”，有角无分的，分应写成“0”，不能用符号“－”代替。

例如人民币柒拾伍元整，可写成“￥75.00”，也可以写成“￥75. —”；人民币柒拾捌元玖角整，应写成“￥78.90”，不能写成“￥78.9 —”。

（3）数字与数位相结合

单据上填写数字时必须与数位相结合，数字即阿拉伯数字，数位是指计数单位按照一定顺序排列时所占的位置。按照行业规定，按照由大到小的顺序数位有 19 个，如表 2-2 所示。

表 2-2　由大到小的顺序数位

顺序	1	2	3	4	5	6	7	8	9	10	11	12	13	14	15	16	17	18	19
数位	万万万位	千万万位	百万万位	十万万位	万万位	千万位	百万位	十万位	万位	千位	百位	十位	个位	十分位	百分位	千分位	万分位	十万分位	百万分位
读法	兆	千亿	百亿	十亿	亿	千万	百万	十万	万	千	百	十	个	分	厘	毫	兰	忽	微

（4）采用三位分节制

为便于辨认、阅读，数字书写采用三位分节制。这一规则是国际通用法则，适用于整数位在四位或四位以上时。用法是从个位向左数，每三位作为一节，节与节之间要用逗号“，”分开。示例如图 2-2 所示。

千万位	百万位	分节	十万位	万位	千位	分节	百位	十位	个位
9	2	,	0	7	0	,	0	0	0

图 2-2　三位分节制写法示例

带小数点的，应将小数点记在个位与十分位之间的下方。示例如图 2-3 所示。

千位	分节	百位	十位	个位	小数	十分位	百分位
6	,	0	7	8	.	9	5

图 2-3　带小数点的三位分节制写法示例

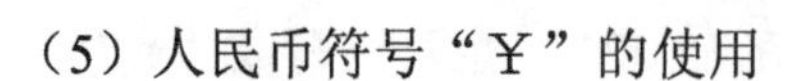

（5）人民币符号“¥”的使用

在用阿拉伯数字填制会计凭证金额时，其前均有人民币符号“¥”的标志。“¥”是“元”的意思，既代表人民币币制，又表示人民币单位“元”，所以，小写金额前加“¥”则不必再另写“元”。

例：¥3 214.03。

在书写时有两个细节需要特别注意：第一，“¥”与数字之间不能留空位，目的是防止被他人肆意涂改；第二，在登记账簿、编制报表时不使用“¥”符号。

（6）整数金额的填写

在填写整数金额时应从高位起，其后每个数位都要填写完整，没有具体数字时要用“0”补齐。如1500元整，书写时应写成如图2-4所示的形式。

亿	千	百	十	万	千	百	十	元	角	分
					1	5	0	0	0	0

图2-4 整数金额正确填写法

不能写成如图2-5所示的形式。

亿	千	百	十	万	千	百	十	元	角	分
					1	5	/	/	/	/

图2-5 整数金额错误填写法1

也不能写成如图2-6所示的形式。

亿	千	百	十	万	千	百	十	元	角	分
					1	5				

图2-6 整数金额错误填写法2

如果一不小心将某个数字写错，更正时要用一道红线划销，再把正确的数字写在错误数字之上。与此同时，在红线左端加盖经手人私章。另外有两点需要特别注意：第一，写错的数字无论是一个还是多个，应全部用红线画销；第二，不得以刀刮，用橡皮擦，药水等形式涂改。

2.1.2　中文大写数字的书写规则

除阿拉伯数字外，中文大写数字也是填写财务单据、账单及其票据时常常会用到的，且同样有很多书写要求和规则。出纳人员在书写时需要按照这些要求和规则进行。具体内容有 5 条。

（1）用正楷或行书书写

中文大写数字包括壹、贰、叁、肆、伍、陆、柒、捌、玖、拾、佰、仟、万、亿、元、角、分、零、整（正）。书写时应该用正楷或行书填写，不得以一、二（两）、三、四、五、六、七、八、九、十、毛代替。更不得使用简化字、自造字，但部分繁体字可使用，如“圆”通“元”。

（2）“人民币”与数字之间不得留有空位

一些有固定格式的重要凭证，金额栏一般都印有“人民币”字样。这时大写数字应紧跟在“人民币”后面，中间不得留有空位。大写金额栏没有印有“人民币”字样的应手写添加。

（3）整（正）字的用法

中文大写金额数字到“元”为止的，在“元”之后，应写“整”（或“正”）字；在“角”之后，可写可不写“整”（或“正”）字；大写金额数字有“分”的，后面不写“整”（或“正”）字。具体内容如图 2-7 所示。

大写数字不得自造简化字，但特殊情况下书写也可用繁体字（如贰、陆、万、圆等）

大写数字到“角”为止的，其后通常写“整”（或“正”）字，不过此规定已经不是硬性要求，不写也可

大写数字有“分”位的，“分”字后不能再写“整”（或“正”）字

数字中间连续有几个“0”的，可只写一个“零”字，如“¥201 001.05”可写成“人民币贰拾万零壹仟零壹元零伍分”

在票据和结算凭证大写金额栏内不得预印固定的“仟、佰、拾、万、元、角、分”字样

图 2-7　填写金额时“整”（或“正”）字的正确用法

（4）有关“零”的写法

填写金额时除了“整”字有很多规定外，“零”也有明确的规定，书写时应按照要求正确书写。具体内容如图 2-8 所示。

阿拉伯数字中间有“0”时，中文大写要写“零”字

如：￥1409.50 应写成人民币壹仟肆佰零玖元伍角

阿拉伯数字中间连续有几个“0”时，中文大写金额中间可以只写一个“零”字

如：￥6007.14 应写成人民币陆仟零柒元壹角肆分

阿拉伯金额数字万位和元位是“0”，或者数字中间连续有几个“0”，万位、元位也是“0”，但千位、角位不是“0”时，中文大写金额中可以只写一个零字，也可以不写“零”字

如：￥1680.32 应写成人民币壹仟陆佰捌拾元零叁角贰分，或者写成人民币壹仟陆佰捌拾元叁角贰分
如：￥107000.53 应写成人民币壹拾万柒仟元零伍角叁分，或者写成人民币壹拾万零柒仟元伍角叁分

阿拉伯金额数字角位是“0”而分位不是“0”时，中文大写金额“元”后面应写“零”字

如：￥16409.02 应写成人民币壹万陆仟肆佰零玖元零贰分
如：￥325.04 应写成人民币叁佰贰拾伍元零肆分

图 2-8　填写金额时“零”的正确写法

（5）其他注意事项

口头语上人们常说“拾几”“拾几万”，如果放在财务上这种说法是错误的。“拾”代表的是数位，“壹”是数字，因此正确的写法是“壹拾几”“壹拾几万”中的“壹”字不可遗漏。

例如“￥16.00”，汉字大写金额应写成“人民币壹拾陆元整”；又如“￥210 013.00”大写金额应写成“人民币贰拾壹万零壹拾叁元整”。

综上所述，填写金额时中文大写是非常重要的，有很多细节需要特别注意，一不小心就会铸成大错。为了尽可能地避免这些错误，现将容易错写的几个地方进行整理，如表 2-3 所示。

表 2–3　填写金额时中文大写容易错写的地方

小写金额	大写金额		
	正确写法	错误写法	错误原因
￥400.00	人民币 肆佰元整	人民币：肆佰元整	人民币后的“：”多余

续表

小写金额	大写金额		
	正确写法	错误写法	错误原因
￥5 890.30	人民币 伍仟捌佰玖拾元零叁角整	人民币 伍仟捌佰玖拾零元叁角整	“零”的用法错误
	人民币 伍仟捌佰玖拾元叁角整	人民币 伍仟捌佰玖拾元零叁角零分	“零分”二字多余
￥100 300.00	人民币 壹拾万零叁佰元整	人民币拾万零叁佰元整	“壹”和“零”漏写
￥18.05	人民币 壹拾捌元零伍分	人民币 拾捌元伍分	“壹”和“零”漏写
￥60 078 000.00	人民币 陆仟零柒万捌仟元整	人民币 陆仟万零柒万捌仟元整	“万”字多余
￥9 800 000.06	人民币 玖佰捌拾万元零陆分	人民币 玖佰捌拾万零陆分	“元”字漏写

2.2　技能2：正确处理残币

为保证人民币的正常流通和有效性，维护国家货币的形象，市场上流通的损伤、残缺人民币都必须及时上缴，并到银行兑换。出纳，作为企业中直接与钱打交道的人员必须会正确处理残币，并积极配合银行或相关金融机构做好残币处理工作。

2.2.1　残币的判断标准

根据中国人民银行《不宜流通人民币挑剔标准》的有关规定，凡是符合以下五项标准之一的票币都可视为残缺票币。这也为出纳人员判断什么是残缺票币提供了判断依据和标准。残缺票币判断标准如表2-4所示，具有所列任何一条标准情况的都算是残币。

表2-4　残缺票币判断标准

币种	标准
纸币	纸币票面缺少面积在20平方毫米以上的
	纸币票面裂口2处以上，长度每处超过5毫米或裂口1处长度超过10毫米的
	纸币票面有纸质较绵软、起皱较明显、脱色、变色、变形，不能保持票面防伪功能等情形之一
	纸币票面污渍、涂写字迹面积超过2平方厘米，或没超过2平方厘米，但遮盖了防伪特征之一的
硬币	币面上有穿孔、裂口、变形、磨损、氧化，文字、图案模糊等

2.2.2　残币的兑换标准

出纳人员在点钞或到银行办理业务的过程中，或多或少地会发现残币的存在。按规定，这种情况下必须对这些残币进行兑换处理。根据我国人民银行《中国人民银行残缺污损人民币兑换办法》中的相关规定，符合条件的残币可在银行进行兑换。

值得注意的是，残币兑换额度会因残缺程度而不同。残缺、污损人民币是指票面撕裂、损缺，或因自然磨损、侵蚀，外观、质地受损，颜色变化，图案不清晰，防伪特征受损，不宜再继续流通使用的人民币。

在兑换标准上，残缺人民币包括全额兑换、半额兑换、不予兑换和特殊兑换四种情况。出纳人员应了解各种兑换情况的标准，从而有效判断现实工作中的残缺票，提高工作效率。具体标准如图 2-9 所示，符合所列任何一条标准的都可申请兑换。

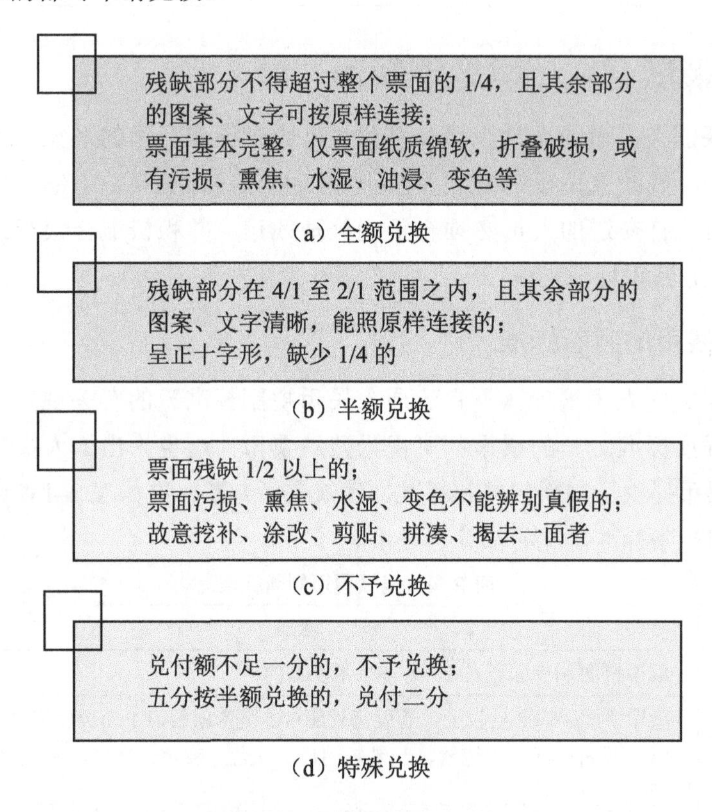

图 2-9 残缺人民币兑换标准

2.2.3 残币的兑换流程

残币的兑换是有严格流程控制和规范的，通常多由办理存取款业务的银行，或金融机构先提出，并出示认定结果，报知所负责的出纳人员，然后由出纳人员按照结果去申请、兑换。

当办理存取款业务的银行，或金融机构提出，并出示认定结果后，出纳人员如果对结果不满意，有权提出异议要求再次鉴定，仍对鉴定结果不满意可拒绝兑换，收回残币。

因此，在兑换残币时大致就会有两种情况，一种是同意认定结果，一种是不同意认定结果兑换。情况不同兑换流程也会有所差异，具体流程如图 2-10 所示。

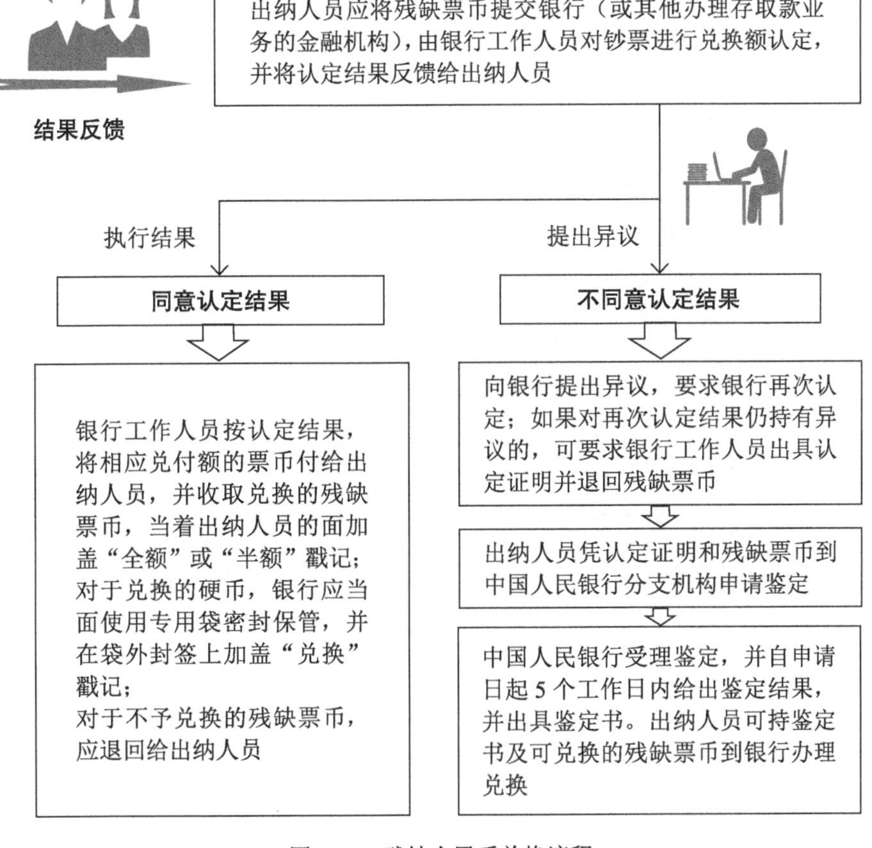

图 2-10　残缺人民币兑换流程

2.3 技能 3：熟练掌握点钞技术

2.3.1 点钞前的准备工作

点钞，即清点钞票，是出纳人员最主要的工作内容之一，也是出纳人员必须具备的基本技能。点钞是一项技术活，既要求准确又要求速度快。因此，出纳人员在点钞前必须做好准备工作。这些准备工作具体如图 2-11 所示。

放松肌肉

出纳人员在点钞时要将两手各部位的肌肉放松，双肘自然地放在桌面上

将钞券墩齐

把需要清点的钞券整理清楚、整齐、平直，整理好后将钞券整齐地墩放在桌面上

将票面均匀地打开

在清点钞券前要先将票面均匀地打开，形状成扇形，保证钞券有一个坡度，便于捻动。注意在点钞时，捻钞的手指与钞券的接触面要小

保持动作连贯

一是指点钞过程的各个环节必须紧密协调、环环紧扣；
二是指清点时的各个动作要连贯，动作之间要尽量缩短和不留空隙时间

口手协调

点钞时往往需要口与手完美配合，只有协调一致才有可能少出错。为便于清点，可使用分组法，单指单张，以十为一组。同时，要高度集中注意力，尽量不要被外界干扰，分神

图 2-11　点钞前出纳人员须做的准备工作

2.3.2　常用的点钞方法

方法出效率，没有正确的工作方法就没有超高的工作效率，点钞同样需要熟练掌握一套方法。目前行业内通用的点钞方法有 3 种，分别为单指单张点钞法、多指多张点钞法和扇面式点钞法。如图 2-12 所示。

图 2-12　出纳人员常用的点钞方法

（1）单指单张点钞法

单指单张点钞法操作简单，是一种最基本的、运用最广的点钞方法。具体步骤有 6 个，如图 2-13 所示。

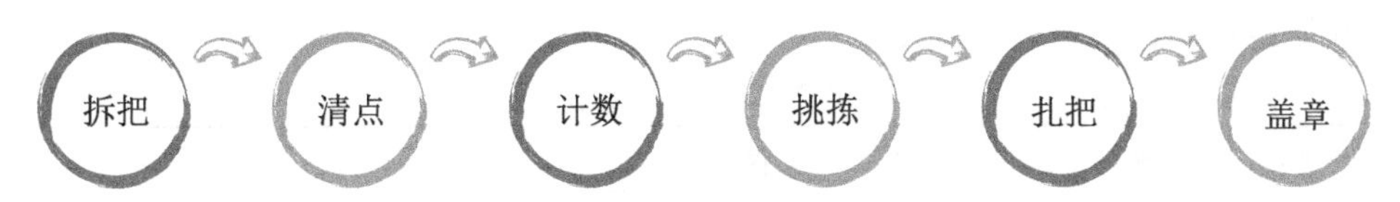

图2-13　单指单张点钞法步骤

动作连贯是保证点钞质量和提高效率的必要条件，点钞的各个环节，诸如拆把、清点、计数、挑拣、扎把、盖章等必须密切配合，环环相扣，因此出纳人员必须熟练掌握每一环节的步骤。各个环节的步骤具体如下：

①第一个环节：拆把。

拆把一般分为两次，分别为初点拆把和复点拆把。初点拆把步骤如表2-5所示，复点拆把步骤如表2-6所示。

表2–5　初点拆把的步骤

步骤
步骤一：用左手将钞票拿起放在胸前，正面朝上。将左手的拇指放在钞票正面的左端约全票的1/4处，将食指和中指放在放在钞票的背面，无名指自然弯曲
步骤二：右手食指横向将钞票略微压弯，左手食指插入扎钞条，将扎钞条抠掉，扎钞条放置一旁
步骤三：左手将钞票从桌面擦过将钞票向上翻起，拇指则顺势将钞票展成微开的扇面形
步骤四：准备点钞时要将右手的拇指、食指、中指沾上水

表2–6　复点拆把的步骤

步骤
步骤一：用左手将钞票拿起，使其正面朝向身体，用中指和无名指夹住钞票的左上角，拇指扶住钞票的上边，食指伸直
步骤二：让中指稍微用力将钞票放倒在桌面上，使钞票的左上角成瓦形，用食指钩住扎钞条用力往下划使其自然脱落
步骤三：用左手的拇指将钞票翻成微形扇面，将食指放在钞票背面用来支撑钞票
步骤四：准备点钞时要将右手的拇指、食指和中指沾上水

②第二个环节：清点。

这是直接体现速度和准确性的一个环节，具体操作步骤如表2-7所示。

表2–7　清点钞票的步骤

步骤
步骤一：将钞票固定，用左手的中指和无名指分开夹住钞票的一端
步骤二：左手的食指拖住钞票背面，拇指压在钞票正面。右手的拇指用力将钞票向后压弯，将钞票反复推压成小扇形，斜面正对着前胸。右手拇指和食指配合着轻轻用力将钞票捻起，并将捻起的钞票弹拨下来

注：采用逢十进一计数法来计算点钞数目，单指单张式点钞是一捻一弹，循环反复，直至点完。

③第三个环节：计数。

这个过程中的计数分为双数计法和单数分组计法两种，具体操作方法

如表 2-8 所示。

表 2–8 拆把计数法

方法
方法一：双数计法，也就是从 1 数到 100
方法二：单数分组计法，也就是从 1234567891（即 10），1234567892（即 20），数到 12345678910（即 100），分十组来记数

注：在点钞记数时，不要用嘴念出数来，要心、眼、手三者密切配合，从而做到既快又准。

④第四个环节：挑拣。

在对钞票进行清点的过程中，如果发现有残破的钞票千万不可立即抽出。而是要将其向外侧一扭，斜露在外面，待全部清点完后再对残破票进行处理。

点钞时要注意姿势，胸部挺直，眼睛俯视，与钞票保持 20 厘米左右的距离。同时，为了防止手部过度劳累，要将左手及肘、右手肘部放在桌上，重点依靠手腕的力量。

⑤第五个环节：扎把。

钞票点完后，为防止散乱，通常需要马上扎把。扎把时需要墩齐钞票，正面朝上，左手拇指放在钞票前，中指、无名指、小指放在钞票后，食指在钞票上侧伸直。具体步骤如表 2-9 所示。

表 2–9 扎把的步骤

步骤
步骤一：将扎钞条一端放在钞票背面中间
步骤二：左手捏住扎钞条，右手食指拖住钞条由下往上绕两圈，至正面底处，用右手拇指将扎钞条向右反折 45°
步骤三：拇指或食指将扎钞条向左塞入扎钞条内，然后再回转一圈扎牢钞条

⑥第六个环节：盖章。

将钞票扎把后要进行盖章。盖章时，用左手夹住全部钞把摆放整齐，右手从桌面上拿起名章，将名章盖在钞把侧面钞条上，不要漏盖，印章要盖得工整清晰。盖完章后将钞把摆放整齐。

运用单指单张点钞法应注意：

①小臂轻置在桌沿上起到定位作用。不能虚空过高，否则点钞时会使钞票晃动影响点钞速度和准确性。

②手臂也不要直立于桌面，这同样影响点钞速度和准确性。

③左手的中指和无名指要夹紧钞票，否则钞票容易散乱，影响准确性。

④左手拇指应放在钞票侧面的 1/2 处，压住钞票，但力度不宜过大，压

钞幅度过大影响拇指的灵活性及点钞效率，捻钞幅度太大容易影响速度和准确性。

⑤捻钞幅度太小容易造成重张，不宜识别。

⑥钞票上面应正对前胸，否则使上身倾斜影响坐姿和点钞，发现假钞要立即将其上折，以便和真钞区分。假钞要在点完后拿出，如果立即抽出容易使钞票散乱。

⑦计数时多采用逢十进一制度。具体方法为：

一、二、三、四、五、六、七、八、九、一；

一、二、三、四、五、六、七、八、九、二；

一、二、三、四、五、六、七、八、九、三；

……

前九位数不变，最后一位数以此类推，直到一零，即一、二、三、四、五、六、七、八、九、一零。

（2）多指多张点钞法

这种方法适用于收付款和整点各种新旧钱币，其清点速度比单张、双张点钞法都快，但不宜整点残破券较多的钞票，劳动强度也较大。具体操作步骤有如图 2-14 所示 5 个环节。

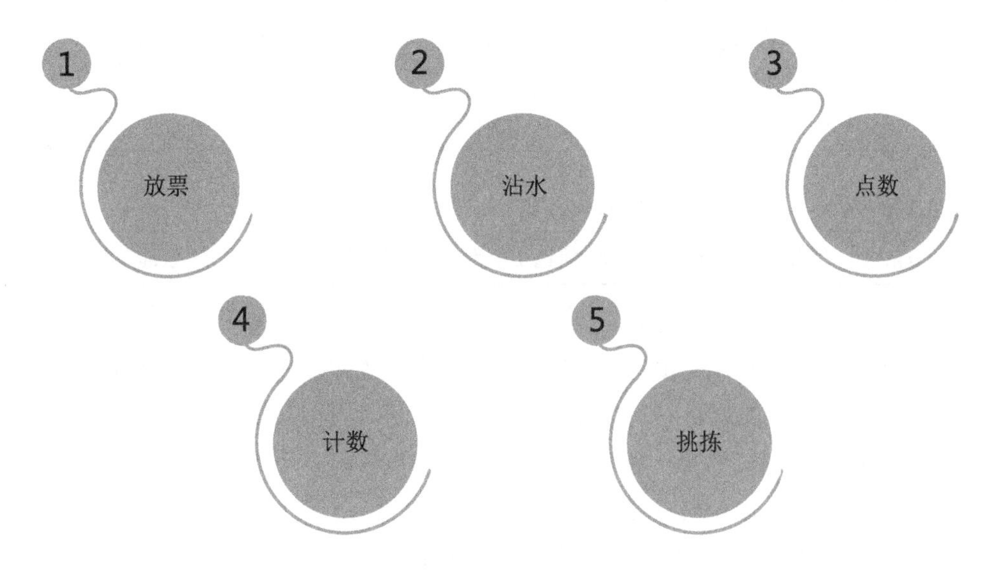

图 2-14　多指多张点钞法操作步骤

①第一个环节：放票。

将钞票放在桌上的正前方，顺着拿钞的方向把钞票摆放整齐，坐姿要

保持身体的平衡与自然，小臂应轻放在桌面上保持自然放松。然后将钞票从桌面上拿起进行起钞，之后是拆把，用左手将腰条抽掉。

②第二个环节：沾水。

将右手食指、中指、无名指和小指沾水，准备点钞。

③第三个环节：点数。

多指多张点钞法的点数，类似于单指单张点钞法的清点。且比前者更不容易掌握。需要掌握要领，勤加练习，熟能生巧。具体步骤如表 2-10 所示。

表 2-10 多指多张点钞法点数步骤

步骤
步骤一：左手小指按压在钞票左上角
步骤二：左手无名指抠住钞票外边缘
步骤三：右手抬起一定量钞票，左手中指顺势放在小指和无名指中间
步骤四：右手无名指掀动第一张，在掀动出的空隙里，中指去掀动第二张，接着在中指掀出的空隙里，食指去掀动第三张
步骤五：在滑动出第三张的空隙时，左手大拇指顺势抬起这三张钞票（右手食指、中指、无名指放开）
步骤六：重复上述动作，直至点钞完毕

④第四个环节：计数。

计数时可采用分组计数法，在计数方法上与手持式单指单张相同，具体如表 2-11 所示。

表 2-11 点钞计数法

方法
方法一：三指点钞，以每 3 张为一组记 1 个数，33 组零 1 张即可扎把（扎把一叠钞票通常为 1 万元，因此三指点钞数 33 组，零 1 张即可）
方法二：四指点钞，以每 4 张为一组记 1 个数，一叠钞票为 25 组，数 25 组即可扎把

⑤第五个环节：挑拣。

点数时如果发现破损钞票，即用两个手指夹住将其抽出来。清点完后，对其进行扎钞和盖章。

扎钞时，将扎钞条一端放在钞票背面，然后用左手捏住扎钞条，用右手食指拖住钞条由下往上绕两圈至正面底面处，用右手拇指将扎钞条向右反折 45°，最后用拇指或食指将扎钞条向左塞入扎钞条内，然后再回转一圈扎牢扎钞条，扎条要扎得整齐牢固。

盖章时，用左手抓住全部钞把摆放整齐，右手从桌面上拿起名章，将名章盖在钞把侧面钞条上，不要漏盖，印章要盖得工整清晰。盖完章后将钞把摆放整齐。

（3）扇面式点钞法

这种方法只适用于清点新钞，点钞速度快；不适宜于新、旧、残、破的混合钞票，不便于挑选残破币，且较费眼力。具体操作步骤如图 2-15 所示。

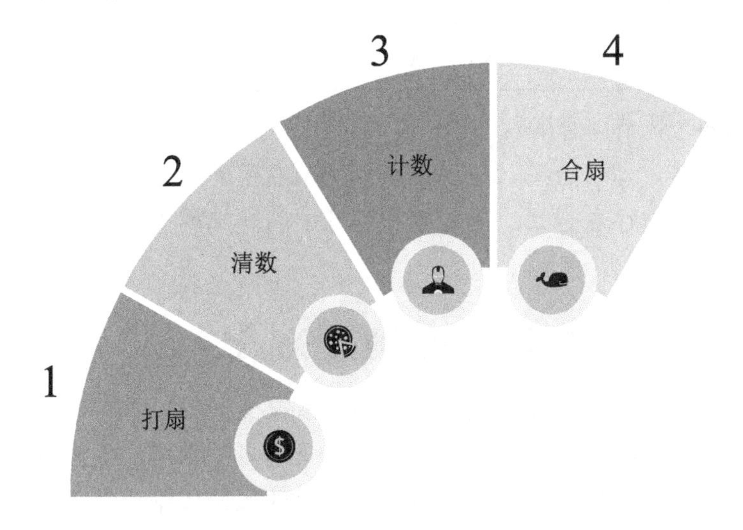

图 2-15　扇面式点钞法步骤

①第一个环节：打扇。

使用此法点钞时，需要两手同时、连续进行，具体步骤如表 2-12 所示。

表 2-12　扇面式点钞法打扇步骤

步骤
步骤一：让左手的拇指、食指、中指在原位上动作，用右手的食指将钞票向右下方压弯，同时左手的拇指逆时针捻动钞票
步骤二：用右手拇指将压弯的钞票向左上方推起，右手食指、中指向右捻动钞票，与此同时，左手拇指配合右手捻动，这样反复推动，右手拇指逐渐向下移动至右下角时即可将钞票推成扇形
步骤三：如果所成的扇面不均匀，将双方所持钞票抖开，左半部向左抖，右半部向右抖，直到抖动均匀为止

②第二个环节：清数。

可用拇指单指前进，也可采用拇指、食指两指交替前进。具体步骤如表 2-13 所示。

表 2-13　扇面式点钞法清数步骤

步骤
步骤一：左手将扇面持平偏向身体，右手的中指和无名指托住钞票的背面，用拇指按下并用食指压住钞票的右上角
步骤二：重复用拇指按下，食指压住的动作，直到数完为止

注：手眼要密切地配合，左手要随着右手不断向前走动而向内转动扇面，眼睛始终看向前方。

③第三个环节：计数。

计数时用分组计数法，具体方法如表 2-14 所列。

表 2-14　扇面式点钞法分组计数法

方法一：一按 5 张，即每 5 张为一组，记一个数
方法二：一按 10 张，即每 10 张为一组，记一个数

④第四个环节：合扇。

清点完毕，即可合扇。左手向右侧，用右手的 4 个手指稍弯曲托住钞票的右侧，由右往左合拢，左右手指稍往中间一起用力，使钞票竖立在桌面上。

2.4　技能 4：发票真伪的鉴定方法

发票是单位和个人在购销商品、提供或接受服务以及从事其他经营活动中，所开具和收取的业务凭证。该凭证具有多重作用，是消费者报销的依据，是商家依法纳税的凭证，是会计核算的原始依据，是审计机关、税务机关执法检查的重要依据。

正因为发票如此重要，牵涉多方利益，因此市场上经常会出现假发票，尤其成为一些不良商家为逃税而采用的一种手段。出纳人员负有发票管理的职责，因此鉴别发票也是出纳工作的主要内容。一个优秀的出纳人员必须具备鉴别发票真伪的本领。

如何判断发票是真的还是假的？

主要有 4 种方法，如图 2-16 所示。

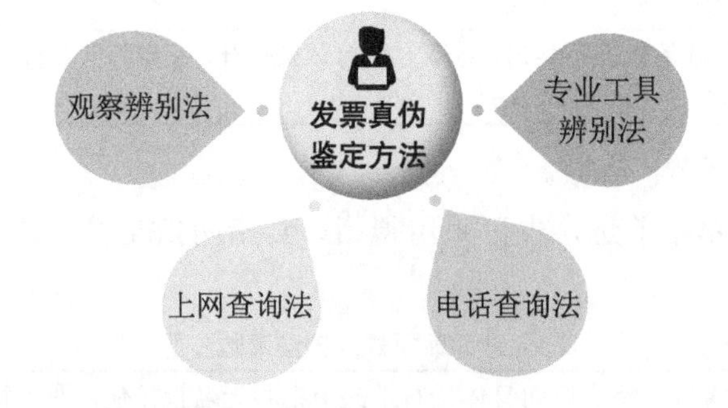

图 2-16　发票真伪鉴定方法

2.4.1 观察辨别法

观察辨别法主要分为以下4步。

第1步：看发票纸张。

新版普通发票都是在有防伪水印的纸张上印制，当将发票置于阳光或灯光时，可清晰看到菱形水印图案，其中菱形中有“SW”字样。

第2步：看发票“发票监制章”。

发票正中央有一椭圆形红色的章，此章外圆线是一条普通的红色粗线，内圆线采用微缩技术印制，由多组“国家税务总局监制”汉字的汉语拼音声母缩写组成，即“GJSHWZJJZH”。通过高倍放大镜可以清晰地看到。目前，假票无法做到这一点。

第3步：看发票印章。

检查下方有无加盖卖家的印章，没有的话是无效的发票。

第4步：看发票票面信息。

①检查付款单位名称、税号是否正确。

②机打发票代码、是否与收款单位名称、税号、发票专用章一致。

③大写金额与小写金额是否一致。

④发票相应信息填写的位置与发票本身印刷的位置差异是否较大等。

2.4.2 电话查询法

为加强发票的防伪，防止制假，在真发票中都可查到唯一的“发票代码”“发票号码”，有的还有加密密码。而这些都可通过拨打当地税务机关服务电话查询，向对方报出发票代码、号码或密码可对已有的发票进行真假辨识。

2.4.3 上网查询法

上网查询发票真伪，通常需到当地税务局官方网站上查询，各省税务部门都开设有网站，通过网站都可查询发票真伪。根据发票名称“XX增值税普通（或专用）发票”即可确定相应的地区。

如发票名称为“北京市增值税普通发票”，那么就可登录北京地方税务局网站进行查询，输入发票代码和发票号码，即可查询该号码的发票是否存在。只要是真票，任何增值税发票、营业税发票都可以在网站上查到。

需要注意的是，通过网站除了能鉴别发票的真伪，还能确认该票是否“真票假开”。若某发票，票面上的开票方为A公司，但查询结果显示是B公司，则说明尽管发票本身是真的，但开具的内容是虚假的，这种情况的发票也

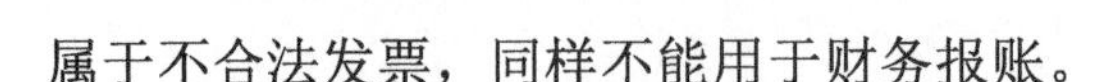

属于不合法发票，同样不能用于财务报账。

另外，还需要注意发票使用期限问题。通常情况下，普通发票的使用期限以发票印制开具期限为准（增值税专用发票没有使用期限）。同时，为避免浪费，税务机关允许纳税人继续使用未使用完的，超过开具期限的发票。不过，对这种发票的管理非常严格，税务机关实行三个月验旧制度，即纳税人领购的发票应自购票之日起3个月内到主管税务机关进行验旧，否则不可使用。

2.4.4 专业工具辨别法

发票采用特殊纸张印刷，在紫外线照射下，真发票票面上每隔一定距离会显现出发光的金属条；假发票在紫外线下无此发光金属条。因此，在鉴别发票真伪时可使用带有紫外线的工具。

2.5 技能5：印章的管理

印章是法律赋予企业履行职责，拥有某种权利的法律凭证，一切盖有印章的文件、资料都受到法律保护；不经使用者同意，不得对其进行修改、丢弃、亵渎。印章在维护企业权威性、严肃性和安全性，以及保障企业经营活动正常运作上发挥着重要作用。

2.5.1 印章管理的内容

企业印章通常由财务部门保管，具体执行人则是出纳人员。因此，对印章进行管理是出纳工作主要内容之一。然而，要想做好印章管理并不那么容易，至少需要明确两个问题：第一，哪些印章属于自己的管辖范围；第二，需要对印章的哪些方面进行管理。

（1）哪些印章属于自己的管辖范围

属于出纳人员保管范围的印章主要有三种，分别是企业财务专用章、财务部门专用章和财务人员私人章。三种印章的使用权限如表2-15所示。

表2-15 出纳人员保管的印章使用权限

印章种类	使用权限
企业财务专用章	代表企业行使财权的公章，同时也能代表会计部门的职权
财务部门专用章	代表企业财务工作分属的专用章，代表着分管领导的部门责任和权利
财务人员私人章	在会计人员中有明确分工的一种印章，通常坚持“谁经手、谁负责”的使用原则，如有变动随时更换，以分清责任

（2）需要对印章的哪些方面进行管理

①印章的使用。

企业对印章的使用范围、使用要求做出了明确规定。禁止在没有审批的情况下随便使用、对外借用。也就是说，任何人、任何部门使用印章都必须先提出申请，经主管部门审核批准后方可正式使用。印章使用范围、使用要求具体内容如表2-16所示。

表2-16 出纳人员保管的印章使用范围和使用要求

项目	内容
使用范围	凡属以公司名义对外发文、开具介绍信、报送报表等一律加盖公司印章
	凡属部门业务范围内的加盖部门章
	凡属合同类的用合同专用章
	凡属财务会计业务的用财务专用章
使用要求	印章使用必须建立用章登记制度，严格审批手续，不符合规定的和不经主管领导签发的文件、合同等，印章管理人有权拒印
	公司业务合同、项目协议、授权书、承诺书等用印都须先经部门主管审核、公司分管领导批准，填写《印鉴使用签批单》后方可用印，同时需将用印文件的复印件交印章保管部门备案
	严禁在空白合同、协议、证明及介绍信上用印，因工作特殊确需用印时，须经公司领导签字同意方可。待工作结束后，必须及时向公司签字用印的领导汇报用印空白文件的使用情况，未使用的必须立即收回作废，已使用的合同协议类文件须报印章管理部门备案
	严禁私自将印章带出公司使用，若因工作需要，确需将印章带出使用的，由用印人填写《印鉴使用签批单》，征得其部门主管同意，并经公司主要负责人批准，由印章保管人陪同前往办理。 如确因印章保管人不便陪同的，由借用人填写借据，经公司主要负责人批准，方可带离公司。印章外出期间，借用人只可将印章用于申请事由，并对印章的使用后果承担一切责任

②印章的保管。

公司印章由指定专人保管，财务专用章、法人代表人私章、发票专用章由财务部门指定两人分别保管，各部门印章由各部门指定专人专柜保管。

印章保管须有记录，注明印章名称、颁发部门、枚数、收到日期、启用日期、领取人、保管人、批准人、图样等信息。

③印章的交接。

出纳人员辞职，或人事调动离岗时，需要按流程及时办理交接手续，并协助接管人做好接管工作。印章的交接步骤如表2-17所示。

表 2-17 印章的交接步骤

交接	须由部门主管指定人员暂时代管，以免贻误工作
	印章保管必须安全可靠，加锁保存，不可私自委托他人代管
	印章保管有异常现象或遗失，应保护现场，及时汇报，配合查处
	印章移交须办理手续，签署移交证明，注明移交人、接交人、监交人、移交时间、图样等信息

④印章的停用。

印章停用时须经公司主要负责人批准，及时将停用印章封存或销毁，建立印章上交、存档、销毁的登记档案。印章的停用，一般发生在如表 2-18 所示的情况下。

表 2-18 印章停用的 3 种情况

印章停用的 3 种情况	公司名称变动
	印章被损坏
	遗失或被窃，已声明作废

2.5.2 印章管理的流程

印章在管理上是有严格章程的，尤其是在保管、使用上有严格的规定和规范的操作流程，否则，就可能造成企业财产的损失，给企业发展埋下“祸患”。出纳人员作为企业印章重要的保管者之一，需要建立一套科学的印章管理制度、流程，约束和规范对印章的管理。

（1）严格审批

由于印章的特殊性，在管理上实行严格的登记审批制度。印章的启用、使用、停用等所有行为都要经上级和相关部门的同意。在这一环节涉及很多手续，如用印登记簿，模板如表 2-19 所示，印章使用申请单模板如表 2-20 所示。

表 2-19 用印登记簿模板

编号： 登记日期：_____年__月__日

用印日期		发文号		使用人		批准人	
文件名称							
印章类别							
用印事由							

填表人： 审核人：

表 2-20　印章使用申请单模板

编号：　　　　　　　　　　　　　　　　申请日期：_____年__月__日

部门		申请人		核准人	
用印类别					
文件名称					
用印份数					
文件说明					

（2）规范领用手续

使用印章者需要先填写印章申请表，并须经主管部门会签，报有关领导批准或签署意见后，方能盖印。如果没有领导签字则拒绝使用。

同时，还需要在印章专管员的监督下进行，认真填写《印章使用表》《专管员保证书》。印章使用审批表模板如表 2-21 所示。表中详细记录批准人、用章人、文件名称、盖章次数，以供随时查询、复核。除留有存根的介绍信、企业发文之外，其他用印均需进行登记，由专管员亲自做好交接记录。

表 2-21　印章使用审批表模板

编号：　　　　　　　　　　　　　　　　日期：_____年__月__日

编号		用章部门		盖章时间	
印章类别		盖章次数		文件发文号	
文件名称					
备注					
用章人（签章）			批准人（签章）		

注：请在备注栏中简要说明盖章用途。

对需留存的文件资料，应在加印后留存一份立卷归档，例如合同协议、领导人签批文件的草稿、印发的文件原件及文稿等。

（3）建立印章台账

企业印章应建立台账以备核查，比如，刻制、下发、使用、回收和销毁等一系列流程都有相应的台账资料。另外，企业新设立的部门，合并、撤销、更名部门，或其他原因造成的印章更换、停用等，每个流程都会产生很多文字、图片资料，这些都应登记备案，整理成册，分类归档。

为印章建档，一方面体现了企业管理上的进步，另一方面是出纳实际工作的需要，为提高日后管理效率，便于复查和统计。使用建立印章台账，通常可按每类印章的类型、使用权限、要求等进行分类，编制印章目录，

填写每枚印章的详细档案。印章目录表模板如表 2-22 所示。印章详细档案模板如表 2-23 所示。

表 2–22 印章目录表模板

编号：　　　　　　　　　　　　　　　　　　日期：_____年__月__日

序号	印章名称	所属部门	直接负责人	制发机关	启止时间		备注
					启动	废止	
1							
2							
3							
…							

表 2–23 印章详细档案模板

编号：　　　　　　　　　　　　　　　　　　日期：_____年__月__日

<table>
<tr><td colspan="2">印章种类</td><td></td><td>报备机关</td><td></td></tr>
<tr><td colspan="2">所属部门</td><td></td><td>审批机关</td><td></td></tr>
<tr><td rowspan="2">印章信息</td><td>印章文字</td><td></td><td>印章使用范围</td><td></td></tr>
<tr><td>制发日期</td><td></td><td>印章使用要求</td><td></td></tr>
<tr><td colspan="2">申请人</td><td></td><td>主管</td><td></td></tr>
</table>

在登记印章目录的同时，每个印章要预留印模（盖在对应的顺序号上），还要用不干胶把顺序号贴在实体印章上，这样更方便今后查找、利用。

2.6 技能 6：保险柜的管理

为了保卫财产安全，企业都会配备专用保险柜，专门用于库存现金、各种有价证券、银行票据、印章及其他出纳票据等的保管。而保险柜的管理权限则属于出纳人员，保险柜一般由总会计师或财务处（科、股）长授权，由出纳人员负责具体的管理。

为加强对保险柜的管理，出纳人员需要明确保险柜的保管原则，严格按照规定操作。一般来说，保险柜的管理包括保险柜钥匙的保管、保险柜的开启、出现问题后的维修、被盗后的应急处理等。保险柜管理要点如表 2-24 所示。

表 2-24　保险柜管理要点

钥匙的配备	保险柜一般会配备两把钥匙，一把由出纳人员保管，方便日常工作使用；另一把由总会计师或财务处（科、股）长负责保管，交由保卫部门封存，以备特殊情况下使用（注意：钥匙是专人专用，不能随意将其交由他人使用或代为保管）
保险柜的开启	保险柜只能由出纳人员负责开启，其他任何人不得随意开启。在特殊情况下可由总会计师或财务处（科、股）长开启；如需要对出纳人员的工作进行检查，对库存现金限额、实际库存现金数额进行核对，及被授权的其他特殊情况，需要开启保险柜的
财物的保管	出纳人员要按规定，足额、定时将空白支票、现金支票、转账支票、银钱收据、印章等单据放入保险柜内。同时需要造册登记，贵重物品还应按种类设置备查簿登记其质量、金额等，所有财物应与账簿记录核对相符（注意保险柜内不得存放私人财物）
保险柜的保密工作	出纳人员应严格保密保险柜密码，不得向他人泄露，以防为他人利用；节假日，或需要离开两天的，应在保险柜处贴上封条，到位工作方可揭封。 如辞职离职，或岗位调动，需销毁原密码，并协助新出纳人员做好密码的设置和使用工作
保险柜的日常管理和维护	保险柜应放置在干燥、通风之处，防湿、防潮、防虫，以便对内部的财务造成损失；保持保险柜内、外的卫生；一旦发生故障，应立即上报，到指定地点维修，不得随意、私自决定
保险柜被盗的处理	发现保险柜被盗后应保护好现场，迅速报告公安机关（或保卫部门），待公安机关（或保卫部门）相关人员到现场勘探后，才做进一步的工作。保险柜按照要求贴封条的，如发现封条被撕掉或被弄损，也应迅速向保卫部门或公安机关报告，以便及时查清情况，防止不法分子进一步作案

第3章

出纳人员的日常工作

出纳人员的工作大多是日常辅助性的，虽然简单，但需要重复去做，这是出纳工作的主要特征。作为一个出纳人员必须明确地知道自己的工作内容，并对每天的工作进行梳理，只有这样才能高效工作。

3.1 日常工作内容

出纳的日常工作包括 4 个方面，即现金、银行存款管理，往来业务款项管理，有价证券、空白发票等管理，在有些企业也需要做些与财务相关的其他辅助性工作。

（1）现金、银行存款管理

出纳人员身处管理现金和使用现金的“前沿阵地”，负有直接的、重要的现金管理职责。因此按照国家有关现金管理和银行结算制度的规定，办理现金收付和银行结算业务，是其日常工作的主要内容。货币资金核算工作的主要内容如表 3-1 所示。

表 3–1　货币资金核算工作的主要内容

办理现金支付或银行结算	严格按照国家、企业现金管理制度，根据稽核人员审核签章的收付款凭证，对现金进行复核，审核
	办理现金提取业务，按规定控制现金库存量，收取大额现金当日送存银行
	根据各项目报的现金使用计划向外部银行申请现金使用量，填写提取现金审批表、外部现金支票。收付款后，要在收付款凭证上签章，并加盖“收讫”“付讫”戳记
负责支票的发放，并监督使用	按时按需购买支票，填制支票购买申请书，对购回的支票清点、核对登记、保存，防止丢失
	出纳人员要建立支票登记簿，对发放的支票进行登记，登记领取的时间、支票号、金额、收款单位等，注明支票号是被哪个项目所领取，同样对作废的支票也要进行登记
	严格控制签空白支票。如因特殊情况确需签发不填写金额的转账支票时，必须在支票上写明收款单位名称、款项用途、签发日期，规定限额和报销期限，并由领用支票人在专设登记簿上签章
	逾期未用的空白支票应交给签发人；填写错误的支票须加盖“作废”戳记，与存根一并保存。支票遗失时要立即向银行办理挂失手续。不准将银行账户出租、出借给任何单位或个人办理结算
认真登记日记账，保证日清月结	根据已经办理完毕的收付款凭证，逐笔顺序登记现金和银行存款日记账，并结出余额
	负责现金日记账与银行日记账的登记。出纳人员根据原始凭证逐笔序时登记现金日记账、银行存款日记账，每天下班前对库存现金进行盘点，每星期盘点一次并且编制一张现金盘点表（一个月至少四次），核对各银行账户存款金额，做到日清月结，保证账实相符

续表

保管库存现金，保管有价证券	要确保现金和各种有价证券安全和完整无缺；库存现金不得超过银行核定的限额，超过部分要及时存入银行；不得以“白条”抵充现金，更不得任意挪用现金
	如发现库存现金有短缺或盈余，应查明原因，根据情况分别处理，不得私下取走或补足；如有短缺，要负赔偿责任。要保守保险柜密码的秘密，保管好钥匙，不得任意转交他人

（2）往来业务款项管理

往来业务款项管理包括两部分，一是往来业务款项的结算，二是往来业务款项的核算。主要内容如表 3-2 所示。

表 3-2 往来业务款项的结算和核算的主要内容

序号	结算和核算的主要内容
1	企业与内部核算单位和员工之间的款项
2	企业与外部单位不能办理转账手续和个人之间的款项结算；低于结算起点的小额款项
3	根据规定可以用于其他方面的款项，除购销业务以外的各种的暂收、暂付、应收、应付、备用金等债权债务及往来款项
4	预借的差旅费报销款项

对于确实无法收回的应收账款和无法支付的应付账款，出纳人员有义务及时查明原因，并按照规定报经批准后处理。如果企业有备用金，还需要对备用金定额进行核定，及时办理领用和报销手续，加强管理。不得拖欠，不准挪用。

（3）有价证券、空白发票管理

有价证券是一种具有储蓄性质的、最终可以兑换成人民币的票据。其种类较多，目前我国发行的有价证券有国库券、国家重点建设债券、地方债券、金融债券、企业债券和股票等。有价证券是企业资产的一部分，具有与现金相同的性质和价值。

出纳人员对有价证券的保管要求与现金管理基本相同，具体内容如表 3-3 所示。

表 3-3 出纳人员对有价证券的保管要求

序号	要求
1	确保各种有价证券（如国库券、债券、股票等）完整无缺
2	如发现有短缺或盈余，应查明原因，根据情况分别处理，不得私下取走或补足；如有短缺，要负赔偿责任
3	严格保密各种有价证券票面额、号码，不得擅自泄露

为掌握各种证券的到期时间，出纳人员还应建立“认购有价证券登记

簿”，格式如表 3-4 所示。

表 3–4 认购有价证券登记簿

证券类型： 第 号

发行年度	期次	面额	利率	张数	号码		入库依据	兑换日期			兑换本息		
					起	止		年	月	日	本金	利息	合计

一般来讲，企业都会保留一定数量的空白发票以备使用。空白发票一经填制并加盖有关印鉴，即可办理转账结算和现金支付，直接关系到资金的安全，所以对空白收据的使用和保管必须严格按规定实施。

空白发票一般由出纳人员保管，出纳人员对空白支票使用和管理要严格，并要建立“空白发票登记簿”，填写领用日期、单位、起讫号码，并由领用人签字。对空白发票的使用要注意以下 4 点：

①要及时归还用完的发票。

②发票使用要按规定进行，不得随便给单位和个人。

③不能转借、赠送或买卖，不得弄虚作假或开具实物与票面不相符的收据。

④如果已作废，要加盖“作废”章，各联要连同存根一起保管，不得撕毁、丢失。

（4）其他辅助性工作

现金、银行存款管理是出纳的主要工作内容，但在有些企业出纳也兼任着其他职责，如税务的缴纳、员工保险的办理等。不过，这些工作都是辅助性的，作为出纳人员只需要做到基本了解其流程即可。

3.2 日常工作梳理

出纳人员的每项工作都有严格的制度约束、流程控制，如果不按照规定去做，不仅可能造成工作效率低下，甚至可能犯重大错误，给企业带来巨大损失。

那么，出纳人员如何梳理自己的日常工作，才能尽可能地提高效率，减少失误呢？可以总结出以下几个方面，即收款流程、付款流程、现金业务流程和票据处理流程。

下面将对这几个流程进行详细阐述。

（1）收款

出纳人员在办理收款业务时需要严格按照流程操作，具体如图3-1所示。

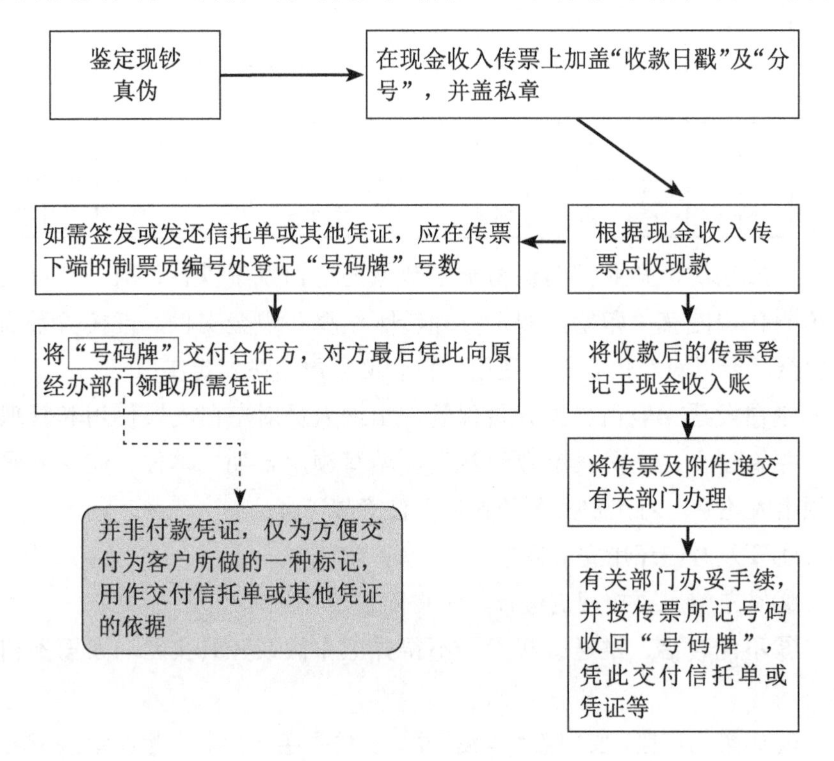

图3-1 出纳人员收款流程

在这个流程中，对于“号码牌”需要重点说一下，在“号码牌”的处理上也有比较严格的规定。

出纳人员签发“号码牌”时，应在“空白单据登记簿”上编号登记，由经办员签章。签章在其正面加盖骑缝私章和日期戳记。使用结束后应将当日使用的及未使用部分收回，同时对骑缝图章详加核对，以验证是否破坏，是否有仿造假冒；确认无误后整理、保管，保管一个月后集中销毁。

值得注意的是“号码牌”隔日无效，如客户未取款项时，出纳人员应向上级及时报告，并填制（货）暂收款项传票。日后当客户持单前来取款时再填制（借）暂收款项传票，按流程重新办理付款手续。

注意：由于出纳人员收款时，需要凭现金收入传票（或有同等效力的其他凭证），因此，收款流程其实也是现金收入传票的处理流程。

（2）付款

与收款一样，出纳人员在办理付款业务时，同样须凭现金支出传票（包括具有同等效力的其他付款凭证）办理，办理流程也与付款时类似，具体如表 3-5 所示。

表 3–5　出纳人员付款流程

1. 付款传票，均须依照规定先由经办员、会计人员及各级主管人员核章后始得付款
2. 出纳人员支付款项时，须先查明传票的核章具备后在传票编列“分号”（每日自第一号依序编列）依序登记现金支出账
3. 在传票及附件的凭证上加盖“付款日戳”及私章，点检款项，按传票左端所记号码向客户收回“号码牌”（应注意号码有无涂改）并询明金额无误后，即照付现款（包括支票）

（3）现金业务

出纳人员在办理现金收入业务时，应当按照现金收入管理的原则操作。一般包括现金的提存、库存和金库 3 个部分的处理，具体内容如表 3-6 ～表 3-8 所示。

表 3–6　现金提存的处理

1. 往来行库的票据及现金提送，应派适当人员充任，金额较大或认为必要时应加派人员办理
2. 每日营业终了时，除酌留一部分充为次日营业开时必要的支付资金外，所有款项应尽量送存行库

表 3–7　现金库存的处理

1. 现金库存除现款外，其他一切票据、借据或取款凭条均不能抵充。营业终了结账后如有经收（付）的款项应办妥次日收（付）款手续，经各级主管人员核章后连同传票一并保管
2. 每日库存现金，须与“现金库存表”所载金额相符，如有不符时应立即报告主管，并应于当日查明不符缘由，如确属无法当日查明时，应以暂收款或暂付款科目整理，次日再继续调查

表 3–8　现金金库的处理

1. 金库内外门应备正副钥匙各一副，内门正钥匙由出纳人员负责管理使用，外门正钥匙由经理或指定副经理掌管，非两者不得启闭金库，内外门副钥匙由经理会同会计科长及主办出纳人员密封缄口盖骑缝章后，交由经理另行保管
2. 不能使用正钥匙需使用副钥匙时，经理须会同会计科长及主办出纳人员启封，用后重新封存

与此同时，出纳人员需要及时取得或填制有关原始凭证，按规定的程序收取并点清现金收入，做到完整、准确地反映本企业现金进出情况。

（4）票据处理

票据一般分为即期票据和应收票据，即期票据是指见票即付的商业汇票，应收票据是由付款人或收款人签发、由付款人承兑、到期无条件付款的一种书面凭证。两种票据概念不同，应用场景不同，因此处理方式往往也有很大差异。当出纳人员收受到票据时应做出不同处理。

①即期票据的处理

当出纳人员收受即期的票据时，应即日提出交换，并在收入会票摘要栏加盖“一交”“二交”戳记。如当日不及时交换者，应在收入传票摘要栏加盖“交换”戳记，以使经办员作为填注有关账簿的依据。

当票据提出交换被退票后，出纳人员应及时查验该票据退票理由是否充足，经验明确实有误后，要联络经办员以最迅速的方法，通知顾客前来办理退票手续。

同时，出纳人员应对收受的即期票据进行登记，并及时加以注明行库类别，以必要时与行库对账。

②应收票据的处理

出纳收受应收票据时，应按到期日顺序妥善保管票据（外埠的票据应分开保管，及时提出代收），并根据应收票据明细表，按到期日分别列在“应收票据备查簿”，所保管的票据张数、金额应与应收票据备查簿的记载相符。

对方要求调换或领回公司保管中的票据时，除以现金抵换外应以书面申请为原则，主管准许调换时，出纳人员应于“应收票据备查簿”变更该笔记载，并应请主管盖章证明。

3.3 出纳与会计之间的关系

出纳和会计同属财务部门的重要岗位，分工不同、职责不同，然而有很多人却会混淆两者。它们之间有非常紧密的联系，相辅相成，共同支撑和维持着企业财务工作的正常运作。不过，其区分也是非常明显的，主要体现在钱账上。在财务工作中有个重要原则叫“钱账分管”，出纳与会计的分工正是这一原则的充分体现，会计人员主要管账，而出纳人员主要管钱。出纳与会计关系示意图如图 3-2 所示。

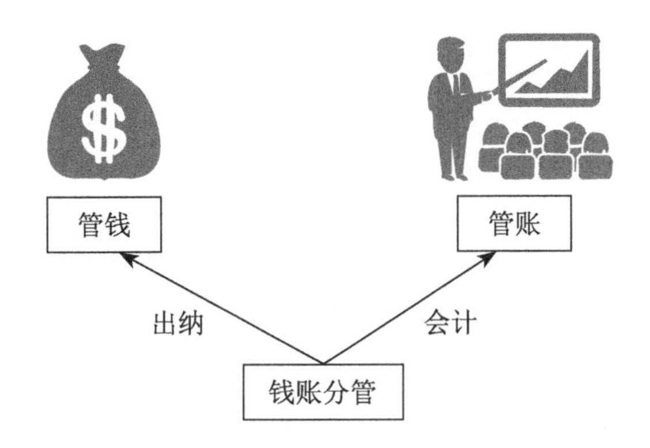

图 3-2　出纳与会计关系示意图

出纳主要职责是管钱，对现金和银行存款进行管理。同时也担负着企业票据、有价证券、空白发票等的收付、保管，在有些企业也需要做些与财务无关的辅助性工作，如纳税、社保等。

会计主要职责是管账，会计一般可分为总账会计和明细会计两大类。总账会计负责企业各项经济业务的总括核算、账务分析、风险评估等，为企业经营、决策提供全面的核算资料；明细会计分管企业的明细账，为企业经济管理和经营决策提供明细分类核算资料。

为了更好地区分两者的职责，下面通过一个案例进行分析。

【案例分析】

某企业采购人员 A 欲购买一笔物资，花费 10000 元整，于是去会计 B 那儿支钱，按照正常的规定必须经过出纳 C 审核，放出这笔款后，A 才能顺利拿到，基本流程如图 3-3 所示。

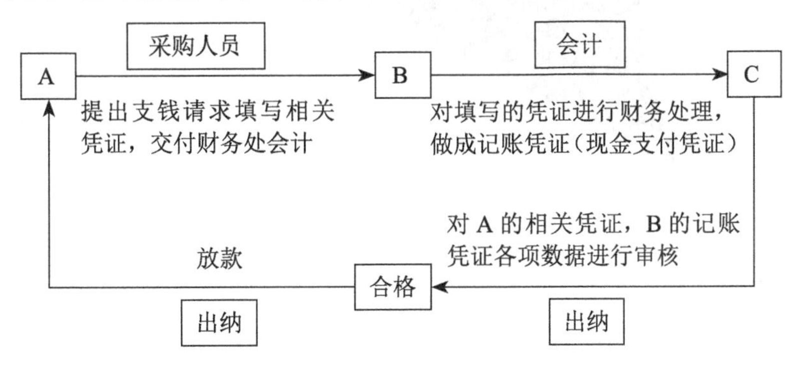

图 3-3　会计和出纳的职责区别

第4章

会计凭证的填制和管理

会计凭证是指记录经济业务发生或者完成情况的书面证明，是登记账簿的依据。每个企业都必须按一定的程序填制和审核会计凭证。而正确认识这些凭证并运用其辅助自己的工作，是出纳的主要工作内容之一。

4.1 原始凭证的填制与审核

4.1.1 原始凭证

原始凭证又称单据，是在经济业务发生或完成时取得或填制的，用以记录或证明经济业务的发生或完成情况的文字凭据。它不仅能用来记录经济业务发生或完成情况，还可以明确责任，是进行会计核算工作的原始资料和重要依据，是会计资料中最具有法律效力的一种文件。

按照不同的标准，原始凭证可以分为多个类型，具体如下：

①按来源不同，可以分为外来原始凭证和自制原始凭证。

a. 外来原始凭证。

外来原始凭证是指在经济业务发生或完成时，从其他单位或个人直接取得的原始凭证。如购买材料时取得的增值税专用发票、银行转来的各种结算凭证、对外支付款项时取得的收据等。

b. 自制原始凭证。

自制原始凭证是指由本单位内部经办业务的部门或个人，在执行或完成某项经济业务时自行填制的、仅供本单位内部使用的原始凭证，如收料单、领料单、限额领料单、工程价款结算单、借款单等。

②原始凭证按填制手续及内容不同，可以分为一次凭证、累计凭证和汇总凭证。

a. 一次凭证。

一次凭证是指一次填制完成、只记录一笔经济业务的原始凭证。如购货发票、销货发票、收据、领料单、银行结算凭证等。

b. 累计凭证。

累计凭证是指在一定时期内多次记录发生的同类型经济业务的原始凭证。最具代表性的累计原始凭证是“限额领料单”。这类凭证的填制手续是多次进行才能完成的，并一般为自制原始凭证。

c. 汇总凭证。

汇总凭证也称原始凭证汇总表，是指对一定时期内反映经济业务内容相同的若干张原始凭证，按照一定标准综合填制的原始凭证。常用的汇总原始凭证有：发出材料汇总表、工资结算汇总表、销售日报、差旅费报销单等。

（模板可参考“本章常用单据模板索引”。）

4.1.2 原始凭证的填制要求

出纳日常工作的一个主要内容就是填制原始凭证，不过，不是所有的凭证。根据分工，主要填写除收入支出、费用债权债务之外的记账凭证，如收据、进账单等。

在填制原始凭证时，出纳人员需要按要求正确填制，其具体要求有4个。

①真实性：记录真实可靠、符合实际情况。

②完整性：填写的项目要齐全，不可漏掉，如凭证名称、日期、编号、主要内容、金额、业务的基本情况、经办人签字盖章等关键信息必须有。

下面以借款单和增值税专用发票为例，对原始凭证填制的完整性进行说明。

借款单需填写的信息如表4-1所示。

表4-1 借款单需填写的信息

1. 单据名称
2. 日期
3. 凭证编号
4. 借款部门或个人
5. 借款理由
6. 经济业务摘要
7. 金额
8. 有关人员签名或盖章

接下来可通过一个案例加以说明。

【案例说明】

某公司销售部的经理张某2019年7月20日去北京出差，向财务部预借了3000元。在预借这笔款项之前，应填写一份借款单，具体如图4-1所示。

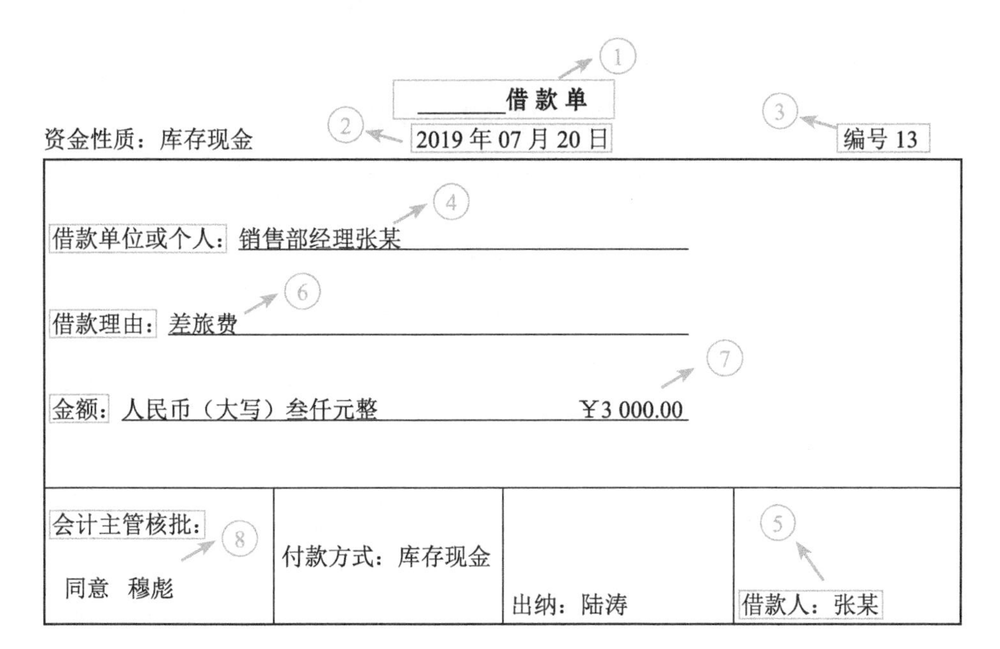

①

______借 款 单

资金性质：库存现金　②　2019 年 07 月 20 日　③　编号 13

借款单位或个人：销售部经理张某　④

借款理由：差旅费　⑥

金额：人民币（大写）叁仟元整　¥3 000.00　⑦

会计主管核批：⑧ 同意　穆彪	付款方式：库存现金	出纳：陆涛	⑤ 借款人：张某

图 4-1　借款单信息填写示例

增值税专用发票需填写的信息如表 4-2 所示。

表 4–2　增值税专用发票需填写的信息

1. 填写凭证名称
2. 填写开票日期
3. 填写购货单位有关信息，包括单位名称、地址电话、纳税人登记号和开户银行及账号等
4. 填写商品或劳务名称、计量单位、数量、单价、金额、税率、税额等
5. 填写价税合计大写和小写
6. 填写销货单位信息，包括单位名称、地址电话、纳税人登记号和开户银行及账号等
7. 盖章签名

对此，再用一个案例进行说明。

【案例说明】

2019 年 7 月 25 日，北京 A 公司销售给某公司 500 件服装，每件价格 200 元。该公司是一般纳税人，适用增值税税率为 13%。在开具增值税专用发票时需要填写如图 4-2 所示的信息。

北京市增值税专用发票

1004243341　　　　　　　　　　　　**NO** 02423437

发票联

开票日期：2019 年 07 月 25 日

购货单位	名　称：某公司 纳税人识别号：25××125 地 址、电 话： 开户行及账号：工行 600123154288021					密码区	（略）	
货物及应税劳务名称	规格型号	单位	数量	单价	金额	税率	税额	
甲产品		件	500	200	100 000	13%	13 000	
合　计					100 000		13 000	
价税合计（大写）	⊗壹拾壹万叁仟元整　（小写）￥113 000.00							
销货单位	名　称：A 公司 纳税人识别号：235××8732201 地 址、电 话： 开户行及账号：工行 600×××622					备注		

第二联　发票联　购货方记账凭证

收款人：李×　　复核：王××　　开票人：舒×　　销货单位（章）：

图 4-2　增值税专用发票信息填写示例

③严谨性：手续完备——自制原始凭证需经办单位领导人或者其他指定的人员签名盖章；对外开出的原始凭证需加盖本单位公章；外来（单位）原始凭证需填制单位的印章；外来（个人）原始凭证需填制人员的签名盖章。

④规范性：书写清楚、规范。

在规范性要求上，其中有 3 个重点必须注意：

a. 小写字母的填写。

数字要写得清晰，倾斜 60° 角；数字前面加货币符号，货币符号与阿拉伯数字间不得留有空白，如￥400.00。错误写法￥ 400.00。

b. 日期的填写。

出票日期数字必须大写，大写数字写法为：零、壹、贰、叁、肆、伍、陆、柒、捌、玖、拾。

c. 大写金额的填写。

汉字大写金额要用零、壹、贰、叁、肆、伍、陆、柒、捌、玖、拾，要用正楷或者行书字体写，不得写简化字；大写金额数字到元或角为止的，在“元”或“角”之间要写“整”或者“正”。如￥306.00 写作叁佰零陆元整。

4.1.3 原始凭证信息的审核

为了确保原始凭证的真实、正确、合法，需要对原始凭证进行认真核对。原始凭证审核时要注意以下 6 点，如表 4-3 所示。

表 4-3　审核原始凭证的注意事项

1. 需要审核原始凭证的要素是否齐备，包括日期、单位、数量、金额等
2. 需要审核原始凭证填制的数字、金额是否正确、清晰
3. 需要审核原始凭证的审批传递手续和签章
4. 如果是自制原始凭证，需要看其是否连号
5. 检查原始凭证上反映的经济业务是否符合相关法规
6. 确保原始凭证无造假等行为

【案例说明】

2019 年 7 月 28 日，资源部李某向公司预借 2000 元的差旅费，同时填写如图 4-3 所示凭证，出纳需对其进行审核。

借 款 单

资金性质：库存现金　　　　　　2019 年 7 月 29 日

借款单位或个人：资源部李某

借款理由：差旅费

金额：人民币（大写）贰仟元整　　　　￥2 000.00

会计主管核批：同意　杨敏	付款方式：库存现金	出纳：刘辉	借款人：齐某

图 4-3　李某借款凭证

经审核后发现这张凭证的遗漏和错误如下：

①该原始凭证的日期不正确，原始凭证填写的日期必须是实际借款的日期，应为2019年7月28日。

②实际借款人与单据上借款人签字不一致。借款人签字必须是本人签字，应为李某。

4.2 记账凭证的填制和审核

4.2.1 记账凭证

记账凭证又称分录凭证，是财会部门根据原始凭证填制，记载经济业务简要内容，确定会计分录，作为记账依据的会计凭证。它介于原始凭证与账簿之间的中间环节，是登记明细分类账户和总分类账户的依据。记账凭证所包含的主要内容如表4-4所示。

表4-4 记账凭证所包含的主要内容

序号	记账凭证的主要内容
1	记账凭证的名称、编号
2	填制单位的名称
3	填制凭证日期
4	业务内容摘要
5	会计分录，包括一级科目、二级科目和明细科目的名称、金额及借贷方向
6	所附原始凭证张数
7	填制、审核、记账和会计主管等有关人员的签章

记账凭证按其适用范围不同可分为专用记账凭证和通用记账凭证两种。

（1）专用记账凭证

专用记账凭证是用来专门记录某一类经济业务的记账凭证。专用凭证按其所记录的经济业务与库存现金和银行存款的收付有无关系，可分为收款凭证、付款凭证和转账凭证三种。

①收款凭证：用于记录库存现金和银行存款收款业务的会计凭证。它是根据有关现金和银行存款收入业务的原始凭证填制，是登记现金日记账、银行存款日记账以及有关明细账和总账等账簿的依据，在实际工作中也是出纳人员收讫款项的依据。

②付款凭证：用于记录库存现金和银行存款付款业务的会计凭证。它是根据有关现金和银行存款支付业务的原始凭证填制的。出纳人员根据付款凭证付款时，要在凭证上加盖“付讫”戳记，以免重付。

③转账凭证：用于记录不涉及库存现金和银行存款业务的会计凭证。它是根据有关转账业务的原始凭证填制的。转账凭证是登记总分类账及有关明细分类账的依据。

（2）通用记账凭证

通用记账凭证是相对于专用记账凭证而言的，是适合于所有经济业务的格式统一的记账凭证。

（模板可参考“本章常用单据模板索引”。）

4.2.2　记账凭证的填制要求

记账凭证主要有收款凭证、付款凭证和转账凭证 3 种，根据不同的业务类型填制不同的记账凭证，填制时注意以下 4 点。

（1）审核无误

以审核无误的原始凭证为依据。

（2）内容完整

要填写得简明扼要，既能概括经济业务的要点，又便于登记账簿和账证核对。以库存现金收款凭证的填制为例，如表 4-5、表 4-6、图 4-4 所示。

表 4-5　库存现金收款凭证表头的填写

1. 在填制库存现金收款凭证时可以在“收款凭证”前面填写“库存现金”字样，如果不填则需要在编号“字第　号”前面加“收”字
2. 在收到原始凭证的当日，或者办理收、付款项的当日就要及时填制记账凭证
3. 借方科目是“库存现金”的可以在“借方科目”之后直接填写
4. 编号要分别填写总号和分号

表 4-6　库存现金收款凭证表内的填写

1. 摘要是对经济业务的简要说明，不可漏填或错填
2. 借方是库存现金的要填制库存现金收款凭证，把贷方科目填在表内，要写明合计制度统一规定的一级会计科目
3. 金额登记的数额要一致
4. 根据该记账凭证登记有关账簿以后，在该栏注明所记账簿的页数或划“ √ ”，表示已经登记入账
5. 附件登记该记账凭证所附的原始凭证的张数

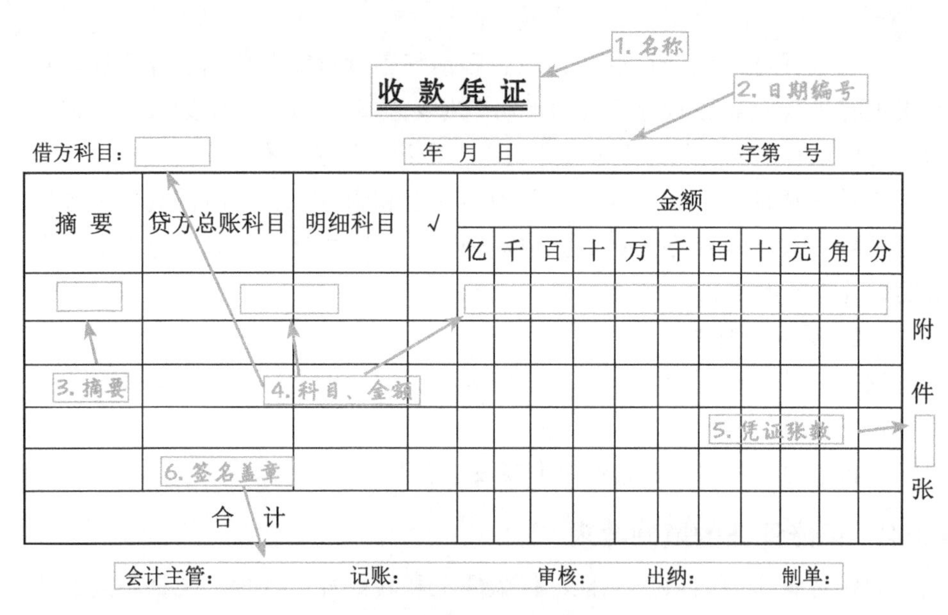

图 4-4　收款凭证填写信息图示

（3）分类正确

准确地使用会计科目，填写时不得简化或使用代号。

（4）书写正确

按规定对凭证编号，附件完整。正确书写为：上留空，下留空，有倾斜（见图 2-1）。

4.2.3　记账凭证内容的审核

由于记账凭证主要是根据原始凭证填制的，所以审核时要先确定原始凭证的正确性。然后看填制的记账凭证是否正确。主要审核以下 6 点：

①审核记账凭证的日期是否正确。

②审核记账凭证的编号是否连号。

③审核记账凭证所填写的业务摘要是否符合。

④审核记账凭证的金额、书写是否合规。

⑤审核所附原始凭证是否正确、合规。

⑥审核记账凭证上相关人员是否签字盖章。

【案例说明】

某公司 2019 年 7 月 28 日，从 B 单位购入甲材料 50 吨，单价是 850 元 / 吨，不考虑增值税，材料尚未验收入库，货款未支付。出纳针对这笔业务做了记账凭证，不过凭证的填写信息有误，如图 4-5 所示。

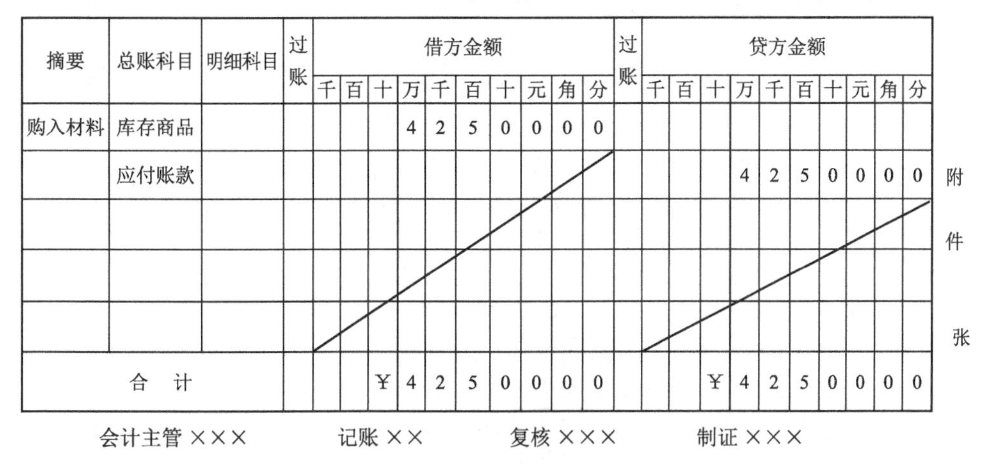

记账凭证

2019 年 07 月 28 日　　　　记字第　号

摘要	总账科目	明细科目	过账	借方金额										过账	贷方金额									
				千	百	十	万	千	百	十	元	角	分		千	百	十	万	千	百	十	元	角	分
购入材料	库存商品						4	2	5	0	0	0	0											
	应付账款																	4	2	5	0	0	0	0
合　计						¥	4	2	5	0	0	0	0				¥	4	2	5	0	0	0	0

附件　张

会计主管 ××× 　记账 ×× 　复核 ××× 　制证 ×××

图 4-5　材料购进记账凭证（错误）

图 4-5 所示记账凭证的错误有 3 个：第一，总账科目有误，应该是“在途物资”，而不是“库存商品”；第二，没有填写明细科目，应该写甲材料和 B 单位；第三，没有填写凭证编号和附件张数。正确的写法如图 4-6 所示。

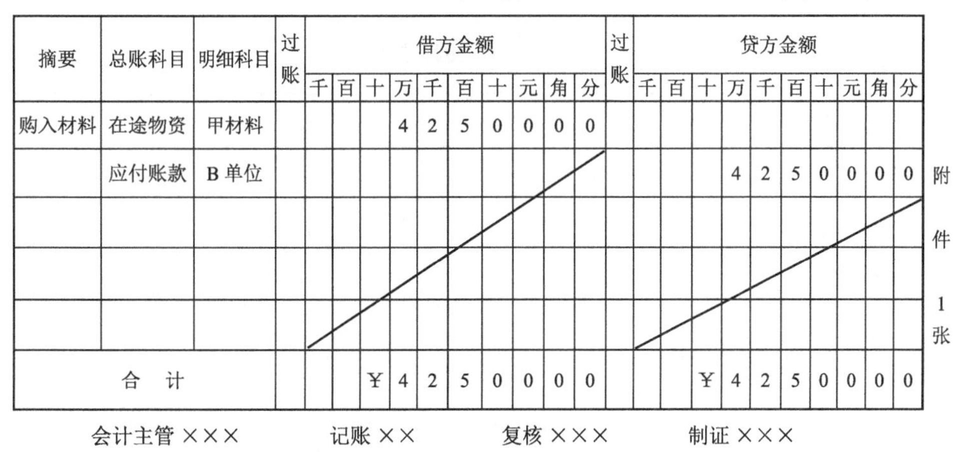

记账凭证

2019 年 07 月 28 日　　　　记字第 001 号

摘要	总账科目	明细科目	过账	借方金额										过账	贷方金额									
				千	百	十	万	千	百	十	元	角	分		千	百	十	万	千	百	十	元	角	分
购入材料	在途物资	甲材料					4	2	5	0	0	0	0											
	应付账款	B 单位																4	2	5	0	0	0	0
合　计						¥	4	2	5	0	0	0	0				¥	4	2	5	0	0	0	0

附件 1 张

会计主管 ××× 　记账 ×× 　复核 ××× 　制证 ×××

图 4-6　材料购进记账凭证（正确）

4.3 凭证的装订

4.3.1 会计凭证装订要求

为了便于保管和查阅，出纳需要对记录完整、准确无误的会计凭证进行分类、装订。行业规范对会计凭证的装订提出了明确的要求，出纳在进行装订时需要严格遵守，按要求操作，具体内容如表 4-7 所示。

表 4–7 会计凭证装订要求

会计凭证装订要求
1. 分类整理，按顺序排列，检查日数、编号是否齐全
2. 凭证汇总日期归集（如按上、中、下旬汇总归集）确定装订成册的本数
3. 摘除凭证内的金属物（如订书钉、大头针、回形针），对大的账页或附件要折叠成同记账凭证大小，并且要避开装订线，便于翻阅保持数字的完整
4. 整理检查凭证顺序号，如有颠倒要重新排列，发现缺号要查明原因，检查附件是否有漏缺，领料单、入库单、工资、奖金发放单是否随附齐全
5. 记账凭证上有关人员的印章是否齐全

同时需要用到专业工具，如锥子、专用针（回形针、大头针）、线、胶水、对角纸（会计装订专用）等。

4.3.2 会计凭证装订步骤

具体的步骤可分为 6 大步：

第一步，将记账凭证整理成册，准备一张记账凭证封面备用，如图 4-7 所示。

记账凭证封面

单位名称	
年　　月	年　　　　月　　　　份
册　　别	本册第　　本　　本月份共　　本
凭单号别	自第　　　　号至第　　　　号止
备　　注	

会计主管人员　　　　　　复核　　　　　　装订

图 4-7 记账凭证封面

第二步，在凭证左上角画一腰长为 5 厘米的等腰三角形。用装订机在底线上分布均匀地打两个眼儿，如图 4-8 所示。

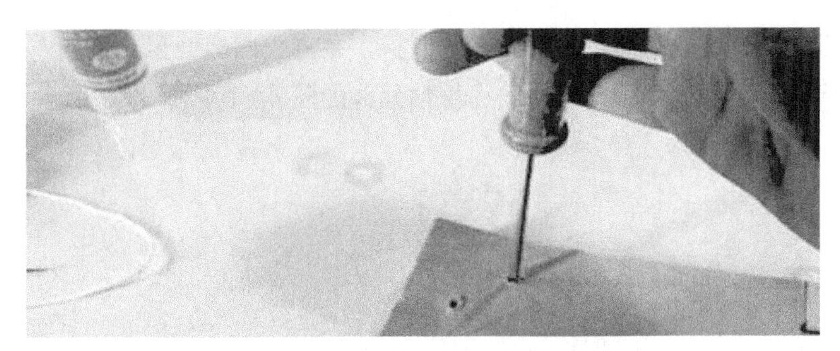

图 4-8　打眼

第三步，用大针引线绳穿过两个眼儿，如果没有针，也可以将回形针顺直，然后将两端折向同一个方向，将线绳从中间穿过并夹紧，在凭证的背面打线结，绳最好在凭证中端系上，如图 4-9 所示。

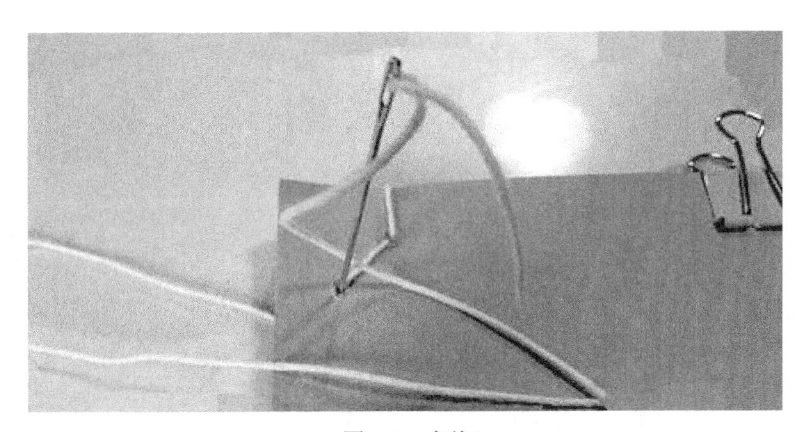

图 4-9　穿线

第四步，穿线牢固后，封角上抹固体胶，如图 4-10 所示。

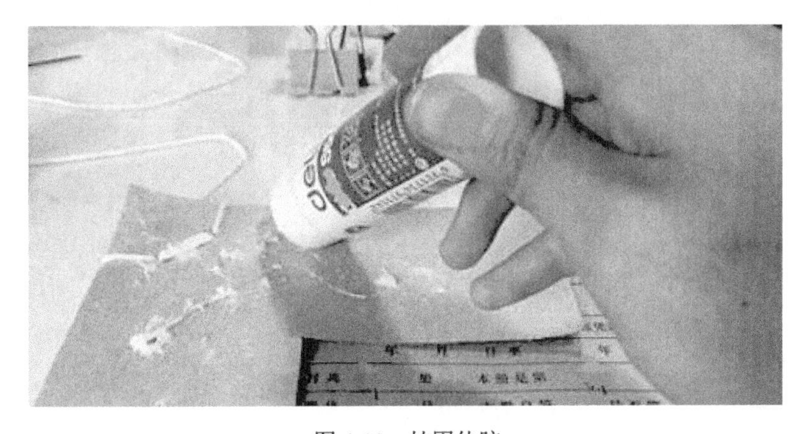

图 4-10　抹固体胶

第五步，做护角，将护角向左上侧折，并将一侧剪开至凭证的左上角，向后折叠，并将侧面和背面的线绳扣粘死，如图 4-11 ～图 4-13 所示。

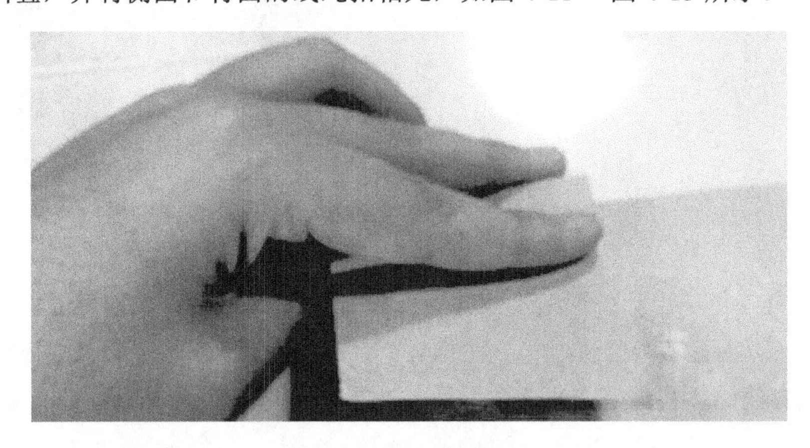

图 4-11　向左上侧折

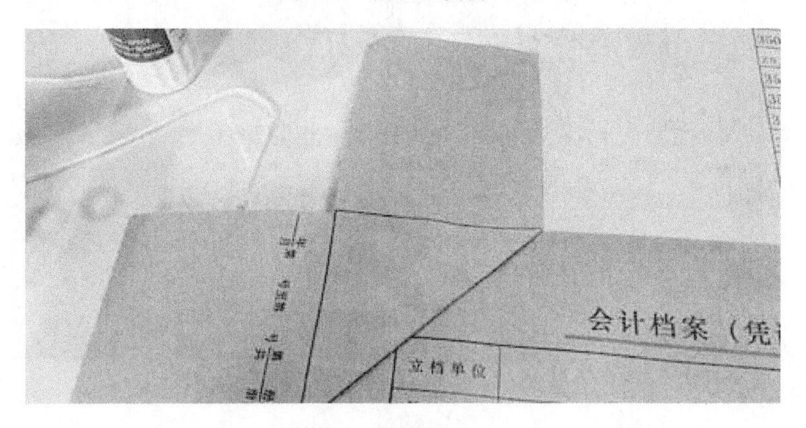

图 4-12　撕开向后折

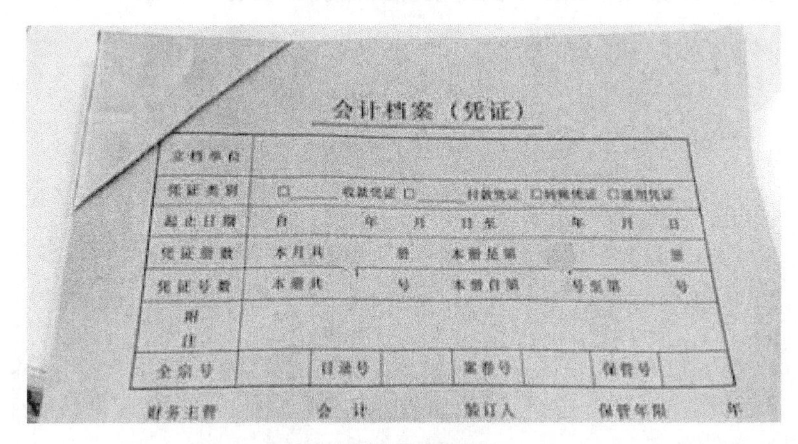

图 4-13　完成后的折角

第六步，签字盖章。

在凭证本的脊背上面写上“某年某月 第几册 共几册”字样。装订人在装订线封签处签名或者盖章。

本章常用单据模板索引

表 1　增值税专用发票模板

×××市增值税专用发票

1100424334　　　　　　　　　　**NO** 01423437

发票联

开票日期：　　年　月　日

<table>
<tr><td>购货方</td><td colspan="4">名　　称：
纳税人识别号：
地 址、电 话：
开户行及账号：</td><td>密码区</td><td colspan="2"></td></tr>
<tr><td>货物及应税劳务名称</td><td>规格型号</td><td>单位</td><td>数量</td><td>单价</td><td>金额</td><td>税率</td><td>税额</td></tr>
<tr><td>合　计</td><td></td><td></td><td></td><td></td><td></td><td></td><td></td></tr>
<tr><td>价税合计（大写）</td><td colspan="7">（小写）</td></tr>
<tr><td>销售方</td><td colspan="4">名　　称：
纳税人识别号：
地 址、电 话：
开户行及账号：</td><td>备注</td><td colspan="2"></td></tr>
</table>

第二联：抵扣联　购买方抵扣凭证

收款人　　　　复核　　　　开票人　　　　销售方：（章）

表 2　工程价款结算单模板

建设单位名称＿＿＿＿＿　　　＿＿＿年＿＿月＿＿日　　　单位：　元

工程名称	合同价	本期应收工程款	应抵扣款项					本期实收款	应抵扣款余额	本期止已收工程价款累计	说明
			合计	预收工程款	预售备料款	材料供给款	其他往来款				
承包单位	监理				合同预算部				财务部		

表 3　领料单模板

领料部门：

生产通知单号数＿＿＿＿＿　　　＿＿＿年＿＿月＿＿日　　　**No.**

制品名称：					制造数量：				领料用途：		
编号	品名	规格	单位	请领数量	实发数量	单价	金额				
							千	百	十	元	角	分
附件　张					合计							

主管：　　会计：　　记账：　　发料：　　领料：　　制单：

表 4　限额领料单模板

领料类别：

领料部门：　　　　　　　　　　　　　　　　　　　　　　发料仓库：

用　　途：　　　　　　____年__月__日　　　　　　编　　号：

<table>
<tr><td rowspan="2">编号</td><td rowspan="2">名称</td><td rowspan="2">规格</td><td rowspan="2">计量单位</td><td rowspan="2">领用限额</td><td colspan="4">实际领用</td><td rowspan="2">备注</td></tr>
<tr><td>数量</td><td>单价</td><td colspan="2">金额</td></tr>
<tr><td></td><td></td><td></td><td></td><td></td><td></td><td></td><td colspan="2"></td><td></td></tr>
<tr><td>日期</td><td>数量</td><td>负责人（签章）</td><td>数量</td><td>发料人</td><td>领料人</td><td>数量</td><td>收料人</td><td>退料人</td><td>限额结余（超支）</td></tr>
<tr><td></td><td></td><td></td><td></td><td></td><td></td><td></td><td></td><td></td><td></td></tr>
<tr><td></td><td></td><td></td><td></td><td></td><td></td><td></td><td></td><td></td><td></td></tr>
<tr><td></td><td></td><td></td><td></td><td></td><td></td><td></td><td></td><td></td><td></td></tr>
<tr><td></td><td></td><td></td><td></td><td></td><td></td><td></td><td></td><td></td><td></td></tr>
<tr><td>申领</td><td colspan="3"></td><td>实发</td><td colspan="2"></td><td colspan="2">退回</td><td></td></tr>
</table>

生产计划部门负责人：　　供应部门负责人：　　发料人：　　领料人：

表 5　收料单模板

<table>
<tr><td colspan="5">供应者：　　　　发票　　号</td><td colspan="8">____年__月__日收到</td></tr>
<tr><td rowspan="2">编号</td><td rowspan="2">材料名称</td><td rowspan="2">规格</td><td rowspan="2">送验数量</td><td rowspan="2">实收数量</td><td rowspan="2">单位</td><td rowspan="2">单价</td><td colspan="6">金额</td></tr>
<tr><td>千</td><td>百</td><td>十</td><td>元</td><td>角</td><td>分</td></tr>
<tr><td></td><td></td><td></td><td></td><td></td><td></td><td></td><td></td><td></td><td></td><td></td><td></td><td></td></tr>
<tr><td></td><td></td><td></td><td></td><td></td><td></td><td></td><td></td><td></td><td></td><td></td><td></td><td></td></tr>
<tr><td></td><td></td><td></td><td></td><td></td><td></td><td></td><td></td><td></td><td></td><td></td><td></td><td></td></tr>
<tr><td colspan="7">合　计</td><td></td><td></td><td></td><td></td><td></td><td></td></tr>
<tr><td colspan="2">备注</td><td colspan="2">验收人盖　章</td><td colspan="2"></td><td colspan="7">合计</td></tr>
</table>

会计　　出纳　　复核　　记账　　制单

表 6　差旅费报销单模板

日期：_____年__月__日

出差人		共　人	职务		部门		审批人				
出差事由						出差起止日期	自20××年×月×日起 至20××年×月×日止 共×天				
到达地点											
项目金额	交通工具					其　　他			住宿费	出差补助	
	火车	汽车	轮船	飞机	市内交通费	餐饮费	会议费	保险费	住宿/天	天数	金额
总计人民币（大写）											
原借款金额	报销金额			交结余金额人民币（大写）							
				支超支金额人民币（大写）							

负责人　　会计主管　　会计　　出纳人员　　出差人

表 7　收款凭证模板

收款凭证

借方科目：　　________年___月___日　　字第　　号

摘　要	贷方总账科目	明细科目	√	金额										
				亿	千	百	十	万	千	百	十	元	角	分
合　　计														

附件　　张

会计主管　　记账　　审核　　出纳　　制单

表 8　付款凭证模板

付款凭证

贷方科目：　　　　　　　　　　________年___月___日　　　　　　字第　　号

摘　要	借方总账科目	明细科目	√	金额										
				亿	千	百	十	万	千	百	十	元	角	分
合　　计														

附件　张

会计主管　　　　记账　　　　审核　　　　出纳　　　　制单

表 9　转账凭证模板

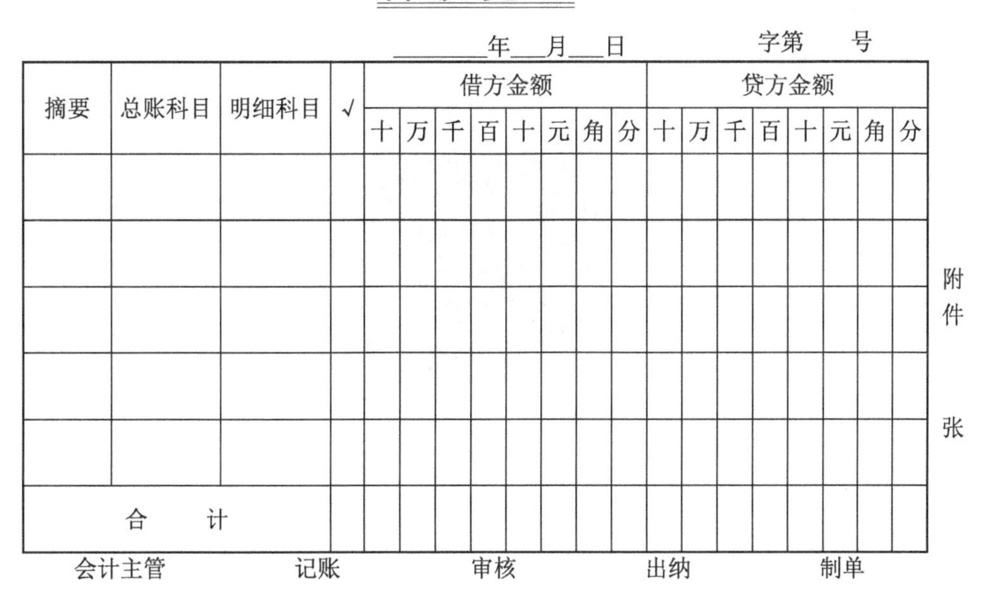

转款凭证

________年___月___日　　　　　　字第　　号

摘要	总账科目	明细科目	√	借方金额								贷方金额							
				十	万	千	百	十	元	角	分	十	万	千	百	十	元	角	分
合　　计																			

附件　张

会计主管　　　　记账　　　　审核　　　　出纳　　　　制单

表 10 记账凭证模板

记 账 凭 证

________年___月___日　　　　　　记字第　号

摘要	总账科目	明细科目	过账	借方金额										过账	贷方金额									
				千	百	十	万	千	百	十	元	角	分		千	百	十	万	千	百	十	元	角	分
合　计																								

附件　张

财务主管　　　　记账　　　　出纳　　　　审核　　　　制单

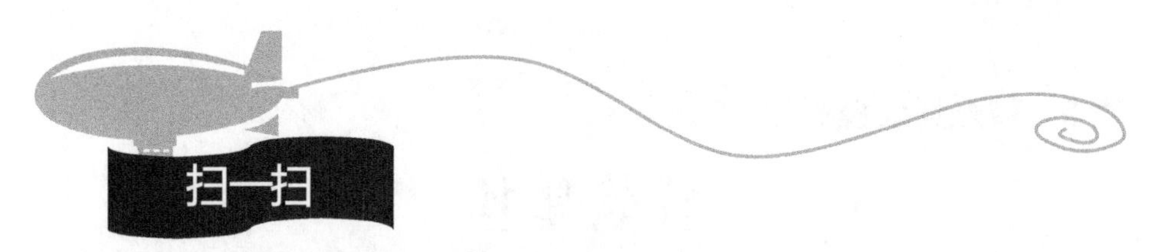

可下载本章电子版表格模板

第5章

账簿的填制和管理

账簿的填制和管理，也是出纳人员的主要工作之一。出纳工作中会涉及很多账簿，如现金日记账、银行存款日记账、明细账等。所谓账簿，是指由具有一定格式的账页组成的，用来序时、分类地记录各项经济业务的簿籍。账簿是编制财务报表的依据，也是保存会计资料的重要工具。

• • •

5.1 账簿的启用

为有效管理账簿，或保证账簿的合法性，任何一个账簿在启用时，使用人必须先填写一份账簿启用表（也叫“经管人员一览表”）如表 5-1 所示。

表 5-1 账簿启用表

企业名称		目录号	
账簿名称		案宗号	
账簿页数	自第 页起至第 页止 共 页	盒号	
使用日期	自 年 月 日 至 年 月 日	保管期限	
单位领导人 签章		会计主管人员 签章	

账簿启用表的内容需要使用人亲自填写，并且按照事实准确填写，避免出现虚假信息。填写的注意事项一般有以下 3 项：

①起止页数的填写，如启用的是订本式账簿，起止页数已经印好不需再填；启用活页式账簿，起止页数可等到装订成册时再填。

②必须有单位领导人和会计主管人员姓名、印章。

③当单位领导人、会计主管人员工作变动时，需要在启用表上明确记录交接日期及接办人、监交人的姓名，并加盖印章。同时，附一份账簿交接表。账簿交接表如表 5-2 所示。

表 5-2 账簿交接表

<table>
<tr><td>企业名称</td><td colspan="4"></td><td colspan="2">印鉴</td></tr>
<tr><td>账簿名称</td><td colspan="4"></td><td colspan="2" rowspan="3"></td></tr>
<tr><td>账簿编号</td><td colspan="4">共计__册，第__册，共计__页</td></tr>
<tr><td>启用日期</td><td colspan="4">____年__月__日至__年__月__日</td></tr>
<tr><td rowspan="2">经办人员</td><td>姓名</td><td>移交日期</td><td colspan="2">复核人员</td><td colspan="2">主办会计</td></tr>
<tr><td></td><td>年 月 日</td><td>签字</td><td>盖章</td><td>签字</td><td>盖章</td></tr>
<tr><td rowspan="2">接交人员</td><td>姓名</td><td>接管日期</td><td></td><td></td><td></td><td></td></tr>
<tr><td></td><td>年 月 日</td><td>签字</td><td>盖章</td><td>签字</td><td>盖章</td></tr>
<tr><td>备注</td><td></td><td></td><td></td><td></td><td></td><td></td></tr>
</table>

5.2 账簿的填制

5.2.1 现金日记账及其填制要求

现金日记账是用来逐日反映库存现金收入、付出及结余情况的日记账。由出纳人员根据审核无误的现金收、付款凭证，以及银行付款凭证逐笔填写。填写要求一般有 5 项：

①日期栏，现金实际收付的日期。

②凭证号数栏，记入账簿所依据的收、付款凭证的种类及编号。

③摘要栏，与收、付款凭证中的摘要内容保持一致。

④对方科目栏，根据记账凭证中的现金科目相对应的科目填。

⑤收入 / 支出栏，根据收、付款凭证登记现金实际收、付的金额。

（模板可参考“本章常用单据模板索引”。）

5.2.2 银行存款日记账填制要求

银行存款日记账是专门用来记录银行存款收支业务的一种账簿。通常情况下，也由出纳人员根据审核后的有关银行存款收、付款凭证，逐日逐笔填写。

其填写要求为：

①根据复核无误的银行存款收、付款记账凭证登记账簿。

②所记载的经济业务内容必须同记账凭证相一致，不得随便增减。

③要按经济业务发生的顺序逐笔登记账簿。

④必须连续登记，不得跳行、隔页，不得随便更换账页和撕扯账页。

⑤文字和数字必须整洁清晰，准确无误。

⑥使用钢笔，以蓝、黑色墨水书写，不得使用圆珠笔（银行复写账簿除外）或铅笔书写。

⑦每一账页记完后，必须按规定转页。方法同现金日记账。

⑧每月月末必须按规定结账。

（模板可参考“本章常用单据模板索引”。）

需要提醒的是，银行存款日记账必须采用订本式，账页格式一般采用“收入”（借方）、“支出”（贷方）和“余额”三栏式。

5.2.3 明细账及其登记要求

明细账也称明细分类账，是根据总账科目所属的明细科目而设置的，用于记载某一类经济业务的账簿。明细账是按照二级或明细科目设置的账簿，一般采用活页式账簿。

按账页格式不同明细分类账可分为三栏式、数量金额式和多栏式。

（模板可参考“本章常用单据模板索引”。）

5.2.4 科目汇总表登记

科目汇总表（又称记账凭证汇总表、账户汇总表），如表 5-3 所示，是对一定时期内所有记账凭证定期汇总，而重编制的记账凭证，其目的是简化总分类账。

表 5-3 科目汇总表模板

科 目 汇 总 表（1 号）

2019 年 12 月 1 日—10 日

编号：第 1 号

会计科目	本期发生额		总账页数	记账凭证起讫号数
	借 方	贷 方		
			（略）	1．收款凭证 现金收款凭证 × 号— × 号 银行存款收款凭证 × 号— × 号 2．付款凭证 现金付款凭证 × 号— × 号 银行存款付款凭证 × 号— × 号 3．转账凭证 × 号— × 号
合 计				

主管会计： 记账： 制表：

其填写方法要求为：

①将需要汇总的记账凭证所涉及的会计科目，按总账科目的排列顺序填列在科目汇总表的“会计科目”栏内。

②分别计算出各科目的借方发生额和贷方发生额合计，填列在科目汇总表内与各科目相对应的借方和贷方栏内。

③计算所有科目的借方发生额合计和贷方发生额合计并进行试算平衡。

值得注意的是，科目汇总表的编制周期不定，可以是五天、十天，也可以是十五天、一个月汇，具体情况视业务量而定。

5.2.5　总分类账的登记

总分类账简称总账，是根据总分类科目开设账户，用来登记全部经济业务，进行总分类核算，提供总括核算资料的分类账簿。总分类账所提供的核算资料，是编制会计报表的主要依据，任何单位都必须设置总分类账。总分类账一般采用订本式账簿。

总分类账的账页格式多采用“借方”“贷方”“余额”三栏式，根据实际需要，也可以在“借方”“贷方”两栏内增设“对方科目”栏。

经济业务少的小企业可根据记账凭证逐笔登记总分类账，具体登记方法为：

①登记时根据记账凭证的年月日填写总分类账的年月日。

②根据记账凭证的字第号登记总账的记账凭证编号。

③根据记账凭证的摘要内容登记总分类账的摘要内容。

④根据记账凭证的会计科目及金额登记总分类账的借方和贷方并结出余额。

⑤为了防止漏记和重记，便于查阅，记账完毕后应在记账凭证上注明记账簿页数或以“√”的符号表示已经记账。

⑥最后在记账凭证上签名或盖章明确经济责任。

（模板可参考“本章常用单据模板索引”。）

5.3　会计账簿的装订

根据要求，在进行年度结账后，需要按时对会计账簿进行装订。会计账簿装订时，封面应齐全、平整，并注明所属年度及账簿名称、编号，编号为一年一编，编号顺序为总账、现金日记账、银行存（借）款日记账、分户明细账。

会计账簿装订要求如下：

在对账簿进行装订前，需要按账簿启用表的记载页数，逐一核对，看各个账户信息是否保持一致，账页数是否齐全，序号排列是否连续等。除此之外，还要注意分类保管、密封保管，具体要求如表5-4所示。

表5–4 会计账簿装订要求

序号	装订要求
1	按保管期限分别编制卷号，如现金日记账全年按顺序编制卷号；总账、各类明细账、辅助账全年按顺序编制卷号
2	封面应齐全、平整，并注明所属年度及账簿名称、编号，编号为一年一编，编号顺序为总账、现金日记账、银行存（借）款日记账、分户明细账
3	封口要严密，封口处要加盖有关印章
4	牢固、平整，不得有折角、缺角，错页、掉页、加空白纸的现象

在对账簿进行装订时，还有一类特殊的账簿——活页账簿有特殊装订要求。这种情况下需要格外注意，具体要求如下：

①保留已使用过的账页，将账页数填写齐全，去除空白页和撤掉账夹，用品质好的牛皮纸做封面、封底，装订成册。

②多栏式活页账、三栏式活页账、数量金额式活页账等不得混装，应按同类业务、同类账页装订在一起。

③在本账的封面上填写好账目的种类，编好卷号，会计主管人员和装订人（经办人）签章。

本章常用单据模板索引

表1 现金日记账模板

现金日记账

年		凭证	摘要	借方											核对	贷方											核对	借或贷	余额											核对
月	日	号数		亿	千	百	十	万	千	百	十	元	角	分		亿	千	百	十	万	千	百	十	元	角	分			亿	千	百	十	万	千	百	十	元	角	分	

表 2　银行存款日记账模板

银行存款日记账

年		凭证号数	摘要	借方											核对	贷方											核对	借或贷	余额											核对
月	日			亿	千	百	十	万	千	百	十	元	角	分		亿	千	百	十	万	千	百	十	元	角	分			亿	千	百	十	万	千	百	十	元	角	分	

表 3　三栏式应收账款明细账模板

账户名称：

年		凭证号数	摘要	借方金额	贷方金额	借或贷	余额
月	日						

表 4　数量金额式明细账（原材料）模板

类别：______________________　　编号：____

品名或规格：______________　存放地点：______________　总第____页

储备定额：_____　最高储备量：_____　最低储备量：_____　计量单位：_____　分第____页

年		凭证		摘要	对应科目	借方			√	贷方			√	余额		
月	日	类别	号数			数量	单价	金额		数量	单价	金额		数量	单价	金额

表 5　多栏式明细账模板

明细账

账号		总页数
页数		

年		凭证		摘要																																																						核对
月	日	种类	号数		百	十	万	千	百	十	元	角	分	百	十	万	千	百	十	元	角	分	百	十	万	千	百	十	元	角	分	百	十	万	千	百	十	元	角	分	百	十	万	千	百	十	元	角	分	百	十	万	千	百	十	元	角	分	

表 6 总分类账模板

科目名称：

2019年		记账凭证号数	摘要	页数	借方												贷方												借	余额											
月	日				十	亿	千	百	十	万	千	百	十	元	角	分	十	亿	千	百	十	万	千	百	十	元	角	分		十	亿	千	百	十	万	千	百	十	元	角	分

可下载本章电子版表格模板

第6章

现金管理

有人说，出纳就是与现金打交道，从某种意义上讲这种说法是正确的。出纳人员每天要经手大量现金，负责公司各种业务的现金往来，以及与现金有关的票据。因此，现金管理是每个出纳人员的重要工作。作为出纳人员，要严格遵循国家、企业有关现金管理的规定，做好现金管理。

6.1　现金管理

6.1.1　现金的概念

要想对现金进行管理，首先要对财务概念的现金有个基本认识。理论上现金有广义和狭义之分，狭义现金是指企业所拥有的硬币、纸币，即由企业出纳人员保管作为零星业务开支之用的库存现款；广义现金则应包括库存现款和视同现金的各种银行存款、流通证券等。但我们最常用的是狭义上的现金概念。

（1）国家对现金管理的规定

其实现金管理就是对现金的收、付、存等各个环节进行的管理，我国对现金管理有明确的规定，具体可见《中华人民共和国现金管理暂行条例》。

延伸阅读

扫一扫二维码阅读全文

①开户单位库存现金一律实行限额管理。

②不准擅自坐支现金。坐支现金容易打乱现金收支渠道，不利于开户银行对企业的现金进行有效的监督和管理。

③企业收入的现金不准作为储蓄存款存储。

④收入现金应及时送存银行，企业的现金收入应于当天送存开户银行，确有困难的，应由开户银行确定送存时间。

⑤严格按照国家规定的开支范围使用现金，结算金额超过起点的，不得使用现金。

⑥不准编造用途套取现金。企业在国家规定的现金使用范围和限额内需要现金，应从开户银行提取，提取时应写明用途，不得编造用途套取现金。

⑦企业之间不得相互借用现金。

（2）库存现金的限额

库存现金是指企业为了满足经营过程中零星支付需要而保留的现金。对库存现金进行限额，可以确定库存现金的真实存在性和库存现金管理的有效性，从而对评价企业的内控制度起到积极的作用。

企业中库存现金根据规定可保留一定的数额，来满足企业日常开支，具体规定如图 6-1 所示。

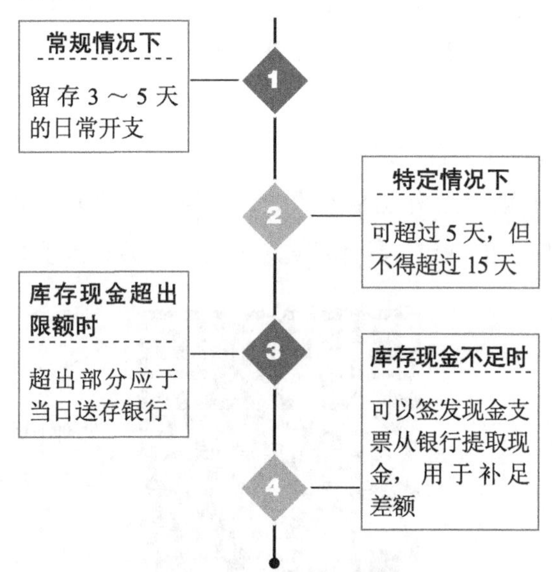

图 6-1　企业库存现金的保留额度和期限

注意：当库存现金超出限额时，超出部分应于当日送存银行，若当日送存确有困难的，由开户银行确定送存时间，否则银行将按超出部分的 10% ～ 30% 进行处罚。

企业库存现金限额一般每年核定一次。其中日常零星开支量不包括定期发放的工资和不定期支付的差旅费等大额现金支出。库存现金限额是为保证各单位日常零星开支按规定允许留存现金的最高数额，其计算公式为：

库存现金限额＝［（一定时期现金支出总量－同期非日常零星现金支出总量）/ 总量统计期的天数］× 限额天数

【案例说明】

某公司 2019 年度现金日记账支出总额为 1000000 元，其中工资、资金等非日常零星开支 700000 元，银行核定限额天数为 5 天。则该企业库存现金限额为：

（1000000 － 700000）÷365×5 ＝ 4109.5（元）

注意：企业的库存现金数额只要能满足正常合理的日常开支就可以。尽量减少现金的库存数额是为了防止单位发生失窃造成不必要的损失，有利于国家聚集资金用于经济建设。

6.1.2 库存现金的管理

库存现金是指企业持有可随时用于支付的现金，通常存放在企业财会部门由出纳人员经管，包括人民币现金和外币现金。库存现金与会计核算中“现金”科目所包括的内容一致。

它是企业流动性最强的资产，对于维持企业正常的生产经营管理具有重要作用，但库存现金也是企业资产中最容易流失的资产，加强库存现金管理对于企业和国家都具有重要的意义。

企业的库存现金管理应按照以下规定进行：

（1）不允许以个人名义存储

按规定企业所有现金必须统一由财会部门管理，以企业名义存放于财会部门，或指定开户银行。所以，出纳要严禁任何人，以任何名义私自提取、存放和管理，如图6-2所示。

图6-2 任何人不得私自存管企业现金

（2）不允许以“白条”抵库

所谓白条即是没有审批手续的凭据，白条不能作记账凭证的依据，更不可以白条抵库，如果肆意使用白条可能给企业带来诸多危害。

①使用“白条”抵库，会使企业实际的库存现金减少，造成日常零星开支现金不足的现象；会使账面金额与实际金额不符，账面金额往往会高于实际库存现金的限额。

②使用“白条”来支付现金的话，少了很多的限制，随意性会比较大。这样容易出现挥霍浪费或挪用公款等问题，而且不是记账凭证的依据，不能及时进行账务处理，不便于财务管理。

③“白条”一旦丢失，无据可查，很难分清责任，可能会给企业或个

人带来不必要的损失。

（3）严禁私设“账外账”或“小金库”

企业设立的“账外账”和“小金库”两者是相互联系的，通常都是有“账外账”就有“小金库”，有“小金库”就有“账外账”。

“账外账”可能是财会部门自己设置的，也可能是单位其他部门、个人设置的，是企业将一部分收入在核算账簿之外另设一套账来记录财务统管之外的收入；而“小金库”是企业库存之外保存的现金和银行存款。

由于企业私设“账外账”和“小金库” 是侵占、截留、隐瞒收入的一种违法行为，其危害性很大，一定要坚决杜绝。

（4）认真清查库存现金

出纳人员要每天清查库存现金，以保证库存现金的证账与实际相符。会计部门也要定期或不定期地进行清查，以防止现金发生差错、丢失、贪污等现象。清查时要注意以下 5 点，如表 6-1 所示。

表 6-1　清查库存现金的注意事项

序号	注意事项
1	看是否有“白条”抵库，不能用没有按手续编制凭证的字条来充抵现金
2	企业库存的现金没有事先声明又无充分证明是代私人存放的，要暂时封存。如果发现企业私设“小金库”的，要另行登记，等候处理
3	对库存现金进行清查时为了避免干扰正常的工作，要在每天业务没有开始之时或结束后，由出纳将截至清查时现金收付款项全部登记入账，并结出账面余额
4	清查过程中，出纳人员应在场积极配合提供情况。清查后应由清查人员填制“现金盘点报告表”，列明现金账存、实存和差异的金额及原因，并及时上报有关负责人
5	清查过程中，如发现账实不符，应立即查找原因，及时更正、处理，不得以今日长款弥补他日短款

6.1.3　现金的保管

现金保管是指由出纳人员及其他所属单位的兼职出纳人员对每日收取的现金和库存现金的保管。出纳人员在现金的保管工作中要注意保险柜的安全防范，保证库存现金的安全完整，并要做到严格按照规定的流程、方法操作。

企业对现金保管有非常高的要求，出纳人员在对现金的具体保管中要有安全意识，养成良好的习惯。具体要求如下：

①严格遵守库存限额的规定。超过库存限额以外的现金，应在每天下班前送存银行。而在向银行送存现金或提取现金时，一般应有两人以上在场，数额较大的最好用专箱装放，专车运送，必要时可进行武装押运。

②严禁“白条”抵库。对现金实存额进行盘点时，必须以现金管理的有关规定为依据。不得以“白条”抵存，不得超限额保管现金。

③加强现金管理。除工作需要的小额备用金可放在出纳人员的抽屉内外，其余则应放入出纳专用的保险柜内，不得随意存放，更不得随意携款外出。

④票币的分类保管。各单位的出纳人员对库存票币应分别按照纸币的票面金额和铸币的币面金额分类，并按整数（即大数）和零数（即小数）分类保管。

⑤出纳人员下班前应将有关物品收齐放好，不得任意摆放遗漏，确认无安全隐患后方可离开。

6.1.4　备用金的管理

备用金是企业、机关、事业单位或其他经济组织等拨付给非独立核算的内部单位或工作人员备作差旅费、零星采购、零星开支等的款项。备用金应指定专人负责管理，并按照规定用途使用，不得转借给他人或挪作他用。

（1）备用金管理的分类

备用金管理包括支借管理和保管管理。

①支借管理。

备用金支借管理包括预借、使用和报销等，对这些行为，企业对使用部门（人）、出纳都提出了明确要求，具体如表6-2所示。为此，出纳人员在对这部分资金进行管理时要严格按照企业规定进行，不经允许不得随意支借。

表6-2　备用金的支借要求

对使用部门的要求	企业各部门使用备用金时要填制“备用金借款单”，该单据既方便支给现金，又有财务部门管理需要核定的各零星开支
	各部门的备用金要在规定的额度内，一般不得超过。如遇特殊情况，需要经由管理部门经理核准
	各部门借支备用金后，要定期将取得的正式发票送到备用金管理人员手中，冲转借支款或补充备用金
对出纳的要求	为了清楚备用的使用情况，要对备用金的收支设置“备用金”账户，并编制“收、支日报表”交由财务经理保管
	对备用金的使用，要根据取得的发票定期编制备用金支出一览表，反映备用金的支出情况
	对所设备用金账户要做到逐月结清
	妥善保管与备用金有关的各种票据

②保管管理。

备用金应设置专门的“备用金账户”，并逐月结清，按时存入财政专户，而后统一交上级审批，归入财务处。有违章使用的，按照相关法律规定则会按照挪用公款处理，严重的以贪污公款论处。

（2）备用金管理

在备用金预借、使用和报销的流程上，由于借款人（部门）、出纳人员主体的不同，在具体的执行流程上也不尽相同。

①借款人。

借款人预借时，首先要填制一式两联的借款单；使用完后填写报销单。

②出纳人员。

出纳人员根据借款单借出款项并报送会计处，做会计分录处理；收到报销单后做报销，同样报送会计处，做会计分录处理。

（3）备用金的核算

备用金可以分为定额备用金和非定额备用金两种。

①定额备用金。

定额备用金是指单位经常使用备用金的内部各部门或工作人员用作零星开支、零星采购、售货找零或差旅费等，实际需要核定一个现金数额，并保证其经常保持核定的数额。

定额备用金的核算可以在“其他应收款——备用金”账户中进行。账户的借方登记备用金定额的拨付数，贷方登记备用金定额撤销或调整时的收回数。

具体的会计分录如下：

a. 拨付及补充备用金时，做会计分录如下

借：其他应收款——备用金

　　贷：库存现金

b. 经审核报销时，做会计分录如下

借：制造费用、管理费用等

　　贷：其他应收款——备用金

c. 收回备用金余额时，做会计分录如下

借：库存现金

　　贷：其他应收款——备用金

【案例说明】

某企业对管理部门设立了定额备用金，定额备用金的核定额为300元。

财务部门做出以下财务分录

借：其他应收款——备用金 300

　　贷：银行存款　　　　　　300

相应凭证的填写如图6-3所示。

记账凭证

20×× 年 × 月 × 日　　　　记字第 × 号

摘要	总账科目	明细科目	过账	借方金额										过账	贷方金额									
				千	百	十	万	千	百	十	元	角	分		千	百	十	万	千	百	十	元	角	分
设立管理部	其他应收款	备用金	√						3	0	0	0	0											
定额备用金	银行存款													√						3	0	0	0	0
合　计								¥	3	0	0	0	0						¥	3	0	0	0	0

附件×张

财务主管 章×　记账 杨××　出纳 苏××　审核 赵××　制单 艾×

图 6-3　定额备用金记账凭证

某企业管理部门报销150元的办公用品支出，将购买发票交由财务部门，财务部门用现金补足定额备用金。并做以下会计分录

借：管理费用　　150

　　贷：库存现金　　150

相应凭证的填写如图 6-4 所示。

记账凭证

20×× 年 × 月 × 日　　　　记字第 × 号

摘要	总账科目	明细科目	过账	借方金额										过账	贷方金额									
				千	百	十	万	千	百	十	元	角	分		千	百	十	万	千	百	十	元	角	分
补足金额备用金	管理费用		√						1	5	0	0	0											
	库存现金													√						1	5	0	0	0
合　计								¥	1	5	0	0	0						¥	1	5	0	0	0

附件×张

财务主管 章×　记账 杨××　出纳 苏××　审核 赵××　制单 艾×

图 6-4　定额备用金（发票）记账凭证

②非定额备用金。

非定额备用金是指单位对非经常使用现金的内部各部门或工作人员，根据每次业务所需现金的数额填制借款凭证，向出纳人员预借的现金。非定额备用金使用后，凭发票等原始凭证一次性到财务部门报销，多退少补，一次结清，下次再用时，重新办理借款手续。

非定额备用金制是与定额备用金制相对立的一种备用金制度，在这种制度下，企业不对各部门的备用金核定限额，各部门也不保留相应的备用金而是采取先借后用再报销的方式，各部门根据需要填写相应的借款单到财务部门借款，并按指定的用途使用，使用后持有效证明到财务部门报销。若借款大于使用款项，于报销时交回剩余的部分，若借款小于使用款项，由财务部门将不足部分补足。报销后，企业与各部门之间无内部债权债务关系。

a. 借款时，做会计分录如下

借：其他应收款

　　贷：现金

b. 报销时要根据不同情况做不同处理

当借款大于使用款项时的会计分录如下

借：相关费用、资产科目

　　贷：现金、其他应收款

当借款小于使用款项时的会计分录如下

借：相关费用、现金

　　贷：其他应收款

【案例说明】

某企业经理外出预借差旅费3000元，用库存现金付讫。3日后，该经理归来将剩余的500元交回，报销2500元。并做以下会计分录：

①预借差旅费。

借：其他应收款——备用金　3 000

　　贷：库存现金　　　　　　3 000

相应凭证的填写如图6-5所示。

记账凭证

20×× 年 × 月 × 日　　　　记字第 × 号

摘要	总账科目	明细科目	过账	借方金额										过账	贷方金额									
				千	百	十	万	千	百	十	元	角	分		千	百	十	万	千	百	十	元	角	分
预借差旅费	其他应收款	备用金	√					3	0	0	0	0	0											
	银行存款													√					3	0	0	0	0	0
合计							¥	3	0	0	0	0	0					¥	3	0	0	0	0	0

附件 × 张

财务主管 章×　记账 杨××　出纳 苏××　审核 赵××　制单 艾×

图 6-5　非定额备用金（预借差旅费）记账凭证

②报销差旅费，并交回剩余现金。

借：管理费用　　　　2 500

　　库存现金　　　　500

　　贷：其他应收款——备用金　　3 000

相应凭证的填写如图 6-6 所示。

记账凭证

20×× 年 × 月 × 日　　　　记字第 × 号

摘要	总账科目	明细科目	过账	借方金额										过账	贷方金额									
				千	百	十	万	千	百	十	元	角	分		千	百	十	万	千	百	十	元	角	分
预借差旅费	管理费用		√					2	5	0	0	0	0											
并交回剩余	库存现金		√						5	0	0	0	0											
现金	其他应收款	备用金												√					3	0	0	0	0	0
合计							¥	3	0	0	0	0	0					¥	3	0	0	0	0	0

附件 × 张

财务主管 章×　记账 杨××　出纳 苏××　审核 赵××　制单 艾×

图 6-6　非定额备用金（报销差旅费）记账凭证

企业实行定额备用金制度的，报销数和拨补数都不再通过“其他应收款”核算。除非该备用金不再使用或年底结清备用金才冲销该项其他应收款。

值得注意的是，备用金是以现金的特殊形式存在，且出纳人员不负责它的保管和收支，通常由各部门人员全权负责并监督，在规定的额度内按照规定的范围使用。但是出纳人员要了解企业备用金的保管和使用情况，按照规定办理预借和报销手续，保证备用金的安全与完整。通常作为差旅费、零星采购等用的备用金，按估计需用数额领取，支用后一次报销，多退少补。前账未清，不得继续预支。

对于零星开支用的备用金，可实行定额备用金制度，即由指定的备用金负责人按照规定的数额领取，支用后按规定手续报销，补足原定额。实行定额备用金制度的单位，备用金领用部门支用备用金后，应根据各种费用凭证编制费用明细表，定期向财会部门报销，领回所支用的备用金。对于预支的备用金，拨付时可记入“备用金”（或“其他应收款”）科目的借方；报销和收回余款时记入该科目的贷方。在实行定额备用金制度的单位，除拨付、增加或减少备用金定额时通过“备用金”科目核算外，日常支用报销补足定额时，都无须通过该科目而将支用数直接记入有关成本类科目、费用类科目。

6.2 现金的提取和送存

6.2.1 现金提取

现金的提取是由出纳人员填写现金支票后到银行提取的一个过程。现金的提取一般需要经以下 3 个步骤，如图 6-7 所示。

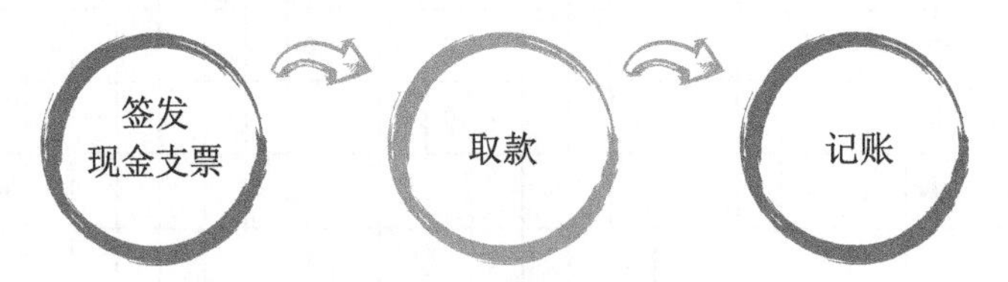

图 6-7 现金的提取步骤

（1）签发现金支票

现金支票是专门制作的，用于支取现金的一种支票。出纳人员通常是现金支票的直接管理人，当申请人提出申请需求时，可按要求填写现金支票，并按时发放。现金支票的填写要求如表 6-3 所示。

表 6-3　现金支票的填写要求

序号	填写要求
1	必须使用碳素墨水或蓝、黑墨水笔，并按支票排定的号码顺序进行
2	日期的填写：签发日期应填写实际出票日期，不得补填或预填日期
3	所填收款人名称应与预留印鉴名称保持一致、大小写金额必须按规定书写，如有错误，不得更改，必须作废重填
4	用途栏填明现金将用做什么
5	支票背面要由取款单位或取款人背书（即签章），在核对无误后交给银行结算。签章不能缺漏，必须与银行预留印鉴相符

签发现金支票时，出票人必须查验银行存款是否有足够的余额，出票人所签发的支票金额必须在银行存款账户余额以内，不准超出银行存款账户余额签发。

（现金支票的模板详见“本章常用单据模板索引”。）

（2）取款

取款人持出纳人员签发的现金支票到银行取款时要按以下 3 步骤。

步骤一：将现金支票交于银行有关人员进行审核，待审核无误后将支票交给经办本单位的结算业务的银行经办出纳人员，等待取款。

步骤二：银行经办出纳人员对支票进行密码核对，并办理付款手续。

步骤三：手续齐备后呼叫取款单位名称，取款人回答银行经办人所取款的数量，无误后支付票款。

如果所取款项是用于发放工资需要零钱的，在取款时应将所要的各类券别的数量开具清单交给银行经办人员。取到款项后要当面点清，无误后才可离开。数量太大的，可当面核对清大捆大把的数额，并清点清楚散把和零张钞票。另外，有几个注意事项需要格外注意，具体如表 6-4 所列。

表 6-4　银行取款清点注意事项

序号	注意事项
1	由本单位两位以上财务人员共同进行
2	逐捆逐把逐张地进行清点，不能随意混淆或丢弃
3	在清点过程中发现有残缺、损伤的票币及假钞要立即向银行调换
4	切记要清点清楚后才可发放，不然出现错误没法查清
5	清点发现有差错时，要保持所取款项的原装，通知银行经办人员，妥善处理

（3）记账

记账是对所提取的现金进行财务处理的一个过程，出纳人员将现金取回来后，应马上根据支票存根编制银行存款付款凭证。其财务处理分录如下

借：库存现金

　　贷：银行存款

6.2.2 现金送存

按规定，各企业、各单位必须按开户银行核定的库存限额保管、使用现金，收取的现金和超出库存限额的现金应及时送存银行。因此，有了现金送存这一业务形态，出纳对现金进行管理的一个重要内容就是现金送存。

送存的流程如图 6-8 所示。

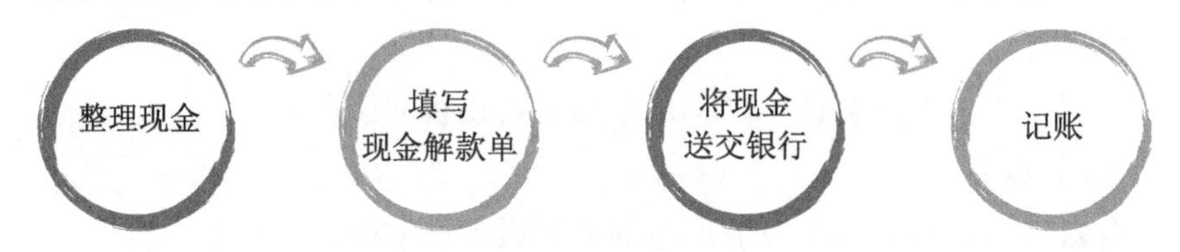

图 6-8　现金送存流程

（1）整理现金

出纳人员在将现金送存银行之前，为了便于银行柜台清查现金，提高工作效率，应对送存现金进行分类整理，其整理的方法如下。

①按照票面金额（即券别）进行分类。

券别包括纸币和铸币，纸币又可分为主币和辅币。主币包括 100 元、50 元、20 元、10 元、5 元和 1 元；辅币包括 5 角、1 角。铸币包括 1 元、5 角、1 角（分币也可暂不送银行，作流通用）等。

②纸币的整理。

出纳人员应将各种纸币打开铺平，然后按币别每 100 张为一把，用纸条和橡皮筋箍好，每 10 把扎成一捆，比如 100 元券的纸币一把即为 10000 元，一捆即为 100000 元；10 元券一把即为 1000 元，一捆即为 10000 元。不满 100 张的，从大到小平摊摊放。

③铸币的整理。

铸币也应按币别整理，同一币别每 100 枚为一卷，用纸包紧卷好，每十卷为一捆。如 5 角的铸币每一卷即为 50 元，每一捆即为 500 元。不满 50 枚的铸币，也可不送，或用纸包好另行包放。

④残币的整理。

残缺破损的纸币和已经穿孔、裂口、破缺、变形以及正面的国徽或背面的数字模糊不清的铸币，应另行包放。

（2）填写现金解款单

现金整理完毕后，出纳人员应根据整理后的金额填写解款单。银行解款单为一式三联：第一联为回单，此联由银行盖章后退回存款单位；第二联为收入凭证，常被收款人开户银行作为贷方凭证而用；第三联为附联，是一种附件，是银行出纳留底而用。

（具体模板详见“本章常用单据模板索引”。）

出纳人员在填制以上解款单时应注意以下4点：

①出纳人员应如实填写现金解款单中的内容。

②交款日期应当填写送存银行当日的日期。

③券别明细账的张数和金额要和各券别的实际数相一致。

④出纳人员填写“现金解款单”时要采用双面复写纸，字迹要清楚、规范，不得涂改。

（3）将现金送交银行

填写完解款单后，将款项同解款单一并交送银行，送款人要和银行柜台收款员当面交接清点。经柜台收款员清点无误后，银行按规定在“现金解款单”上加盖印章，并将“回单联”退还给送款人，送款人在接到“回单联”后应当即进行检查，确认为本单位交款回单，确定银行有关手续都已办妥方可离开柜台。

（4）记账

是指将银行取回的回单联送存财务处理。交款人将现金送存银行后取回“现金解款单”的第一联（回单）交财务部门，财务人员可根据“回单联”填制现金付款凭证。其会计分录为：

借：银行存款

　　贷：库存现金

6.3　现金收入业务

6.3.1　现金收入业务管理

现金收入业务是企业在生产经营或非生产经营性业务中取得的收入，

主要有销售商品、提供劳务、提供非经营服务取得的收入。出纳人员在进行现金收入业务时，一般都要涉及到原始凭证、记账凭证的填制和审核，现金收付、现金日记账的登记。

出纳人员在办理现金收入业务时，要想完整、准确地反映本单位的现金收入情况，就要严格按照现金收入管理的原则，及时取得或填制有关原始凭证，按规定的流程收取并点清现金收入。

（1）现金收入管理原则

出纳人员要按规定办理现金收款业务，一般按以下两个原则。一是确保责任人不得对收入进行瞒报、满报、少报和误报；二是确保责任人要将收入的现金按时间分段进行处理和总结。

其中，为防止责任人对收入进行瞒报、满报、少报和误报，应采取必要防范措施。具体内容如图 6-9 所示。

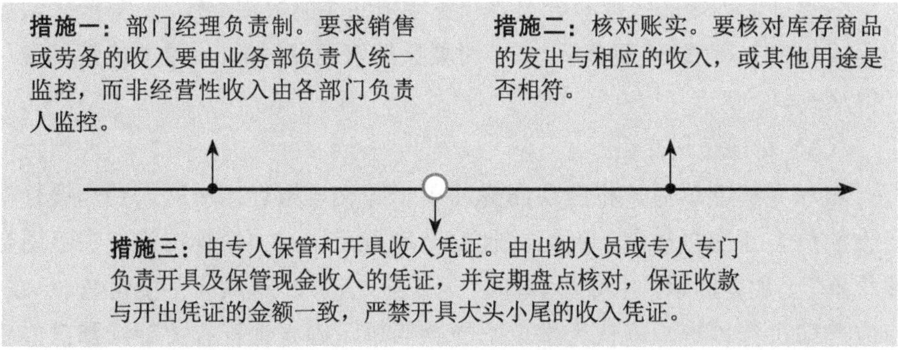

措施一：部门经理负责制。要求销售或劳务的收入要由业务部负责人统一监控，而非经营性收入由各部门负责人监控。
措施二：核对账实。要核对库存商品的发出与相应的收入，或其他用途是否相符。
措施三：由专人保管和开具收入凭证。由出纳人员或专人专门负责开具及保管现金收入的凭证，并定期盘点核对，保证收款与开出凭证的金额一致，严禁开具大头小尾的收入凭证。

图 6-9　防止瞒报、满报、少报和误报的 3 项措施

（2）现金收入手续的办理

当有现金收入时，出纳人员要及时办理收入手续，保证手续完备，一笔一清。具体步骤如图 6-10 所示。

步骤 1
审查收入的合法性
步骤 2
一笔一清
步骤 3
及时送存银行

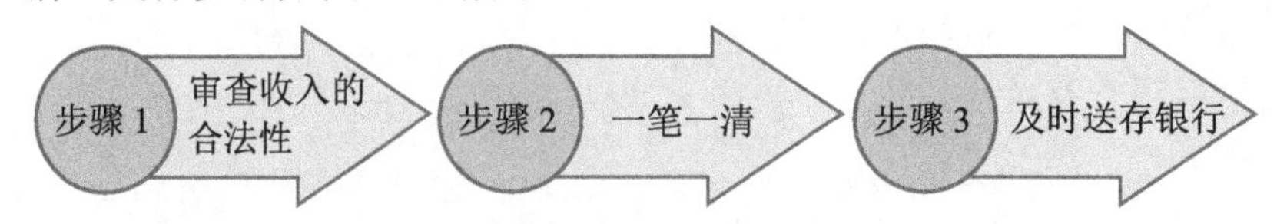

图 6-10　现金收入手续的办理步骤

6.3.2　现金收入处理流程

现金收入主要包括出纳人员直接收款、出纳人员从银行提取现金和收款员、营业员收款后交予出纳人员 3 种情况，不同的方式在处理流程上也存在差异。

（1）出纳人员直接收款

该方式是交款人将持有的现金直接交给出纳部门，由出纳人员根据有关收款凭据办理收款事宜。一般流程如表 6-5 所列。

表 6–5 出纳人员直接收款的流程

流程
流程一：受理收款业务，要审核收款依据是否齐备、现金来源是否合理合法
流程二：收款时要当面清点现金（即复点），保证收付两清，一笔一清
流程三：开具收款凭据，并在收款凭据和收款依据上加盖“现金收讫”印鉴
流程四：将所开具的收款凭证记账联撕下，根据收款收据记账联和收款依据，编制记账凭证
流程五：根据审核无误的记账凭证登记现金日记账

出纳人员收款的依据通常是按照发票、收据等凭证进行，现在大部分票据都采用电子版，纸质版已经逐渐取消。电子版票据有固定的发票样式，同普通发票一样，采用税务局统一发放的形式给商家使用，发票号码采用全国统一编码，采用统一防伪技术。在电子发票上附有电子税局的签名机制，出纳在使用时需要按照实际发生的事件逐项填写或确认。

（2）出纳人员从银行提取现金

具体的步骤由于在前面的现金提取中已经介绍过了（参见“6.2.1），因此这里就不再详细说明。

（3）收款员、营业员收款后交予出纳人员

这种方式多用于服务性行业，由于收款流程比较烦琐，因此，通常由营业员、收款员先集中收款，然后再定时交付给出纳部门或出纳人员。具体流程如表 6-6 所列。

表 6–6 出纳人员收款的流程

流程
流程一：受理收款业务，审查收款依据是否齐备
流程二：根据收款依据来确定应收金额
流程三：根据收款金额收取现金
流程四：收取现金后开出收款收据，并在收款收据上加盖“现金收讫”印章，将收款收据中的付款人持有联交给付款人
流程五：根据收款收据编制记账凭证
流程六：根据审核无误的记账凭证登记日记账

6.3.3 现金收入的审核

出纳人员办理现金收款业务的依据是现金收款凭证，为了保证凭证的合法、真实和准确，要先对其进行复核。复核的具体内容如表 6-7 所示。

表 6-7 复核现金收款凭证的内容

序号	复核内容
1	审查现金收款凭证填写的日期是否正确，不得提前或推后
2	审查现金收款凭证的编号是否正确，有无重号、漏号或不按日期顺序编号等情况
3	审查现金收款凭证记录的内容是否真实、合法、准确
4	审查使用的会计科目是否正确
5	复核收款凭证的金额与原始凭证的金额是否一致
6	复核收款凭证“附单据”栏的张数与所附原始凭证张数是否相符
7	收款凭证的出纳、制单、复核、财务主管栏是否签名或盖章

6.3.4 现金收款业务的核算

现金收款业务是出纳主办业务之一，这项业务常常包括从银行提取现金、企业经营性业务的现金收入、非经营性业务现金收入、预收现金款项及其他收入现金款项。每一项业务都需要进行独立的核算，具体的会计分录处理如下。

①从银行提取现金的核算。

借：库存现金

　　贷：银行存款

【案例说明】

从银行提取现金

某公司 2019 年 1 月 5 日，从银行提取现金 30000 元用于支付工资，财务部门根据现金支票存根联记账。

借：库存现金　　　　30 000

　　贷：银行存款　　　　30 000

②企业经营性业务现金收入的核算。

借：库存现金

　　贷：主营业务收入

　　　　其他业务收入

　　　　应交税费 —— 应交增值税（销项税额）

【案例说明】

某公司 2019 年 1 月 5 日销售一批价款为 877.5 元的商品，已收到现金并开具普通发票，财务部门根据普通发票进行价税分离记账。

借：库存现金　　　　　　　　　877.5

　　贷：主营业务收入　　　　　　　　　　750

　　　　应交税费——应交增值税（销项税额）　127.5

某公司 2019 年 1 月 7 日出售剩余材料一批，货款 702 元已收到现金。财务部门根据开具的普通发票进行价税分离记账。

借：库存现金　　　　　　　　　　702

　　贷：其他业务收入　　　　　　　　　600

　　　　应交税费——应交增值税（销项税额）　102

③企业非经营性业务现金收入的核算。

借：库存现金

　　贷：营业外收入

【案例说明】

某公司2019年1月10日，收到员工李违反劳动合同罚款的现金1 000元，财务部门根据开具的收据记账。

借：库存现金　　　　1 000

　　贷：营业外收入　　　　1 000

④预收现金款项的核算。

借：库存现金

　　贷：预收账款

【案例说明】

某公司 2019 年 1 月 12 日收到张三交来的现金 800 元作为购买产品的定金，财务部门根据开具的收款收据编制记账。

借：库存现金　　　　800

　　贷：预收账款　　　　800

⑤其他现金收款业务的核算。

借：库存现金

　　贷：其他应付款

【案例说明】

某公司收到 A 公司交来的包装物押金 1000 元，财务部门根据开具的收款收据编制记账。

借：库存现金　　　　1 000

　　贷：其他应付款——A 公司　　　　1 000

6.4 现金支付业务管理

6.4.1 现金支付的管理

现金支付业务，是指各单位在其生产经营过程和非生产性经营过程中，向外支付现金的业务。它包括各单位向外购买货物、接受劳务而支付现金的业务，发放工资业务，费用报销业务，以及向有关部门支付备用金等。出纳进行现金支付核算时，一定要有有效的支出凭证，并严格审查支出凭证的审批手续。现金支付业务涉及原始凭证、记账凭证的填制审核。

出纳负有管理现金支出的义务，对于各项现金支出，企业都会做非常严格的规定，出纳人员必须严格执行。一旦发生现金支出的失误，很可能会给企业带来不可弥补的经济损失，因此，出纳人员要以严肃认真的态度处理现金支付业务，其原则包括以下 3 个：

①保证现金支出的合法性。

出纳人员用来支付款项的依据，即付款凭证一定要真实、准确、合法，并保证其付款手续完备，还要有相关领导签字或已审核无误。

②确保现金支出手续的完备性。

出纳人员按照规定的流程审核并办理现金支付手续，做到支付凭证合法、审批手续齐全有效、支付事项当面结清、账务处理正确合理。

③不准采用套取现金的方式用于支付。

套取现金是指为了逃避开户银行对现金的监管，采用不正当的手段，弄虚作假支取现金的一种违法行为。通常来讲，如图 6-11 所示 6 种行为都属于套现行为，作为出纳人员不但要严格律己，还要善于识别，监督他人。

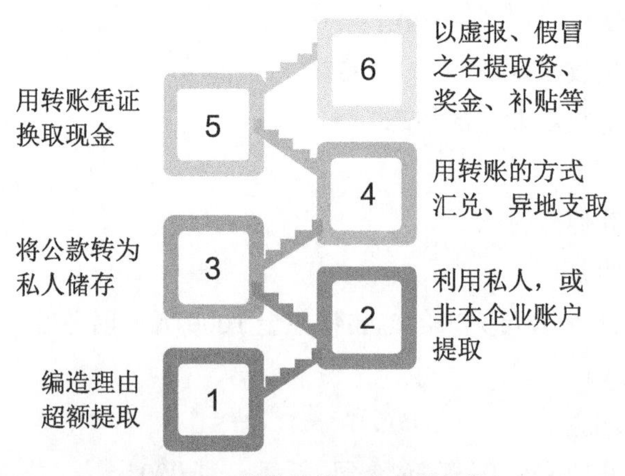

图 6-11 最常见的 6 种套现行为

6.4.2 现金支付的流程

出纳人员办理现金支出业务时，要按照原始凭证的审查要求，对相关票据仔细复核，并按规定流程办理支出事宜。具体流程如图 6-12 所示。

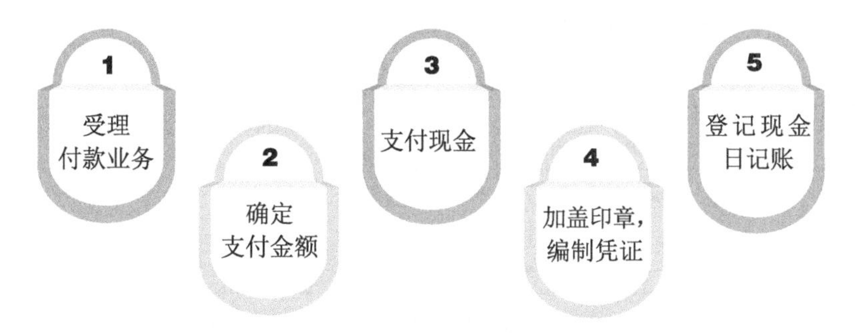

图 6-12　现金支付的流程

（1）受理付款业务

要求出纳人员取得付款依据后，按照相关规定进行审核。如果是出纳人员直接经办的业务，还要填制原始凭证并补齐手续。

（2）确定支付金额

出纳人员对定期或不定期需要支付的大额现金支出要提前做好准备。每天工作开始时，应检查现金余额，不足部分应及时从开户银行提取。对于确实不足以全额支付的业务，应约好时间一次性支付，不得分次支付，避免责任不清、流程错乱。

（3）支付现金

根据审核无误的原始单据办理现金支付时，出纳人员应进行复点，并要求收款人当面点清当面确认。

注意：如果是由收款人直接领取现金的，由其本人签收；如果是他人代为领款的，应在得到当事人的确认后，方可由代领人签收，并注明“×××代 ×× 领款”字样，以明确双责任。

（4）加盖印章，编制凭证

付款完毕后，在审核无误的原始凭证上加盖“现金付讫”印章，据以编制记账凭证。

（5）登记现金日记账

根据审核的记账凭证登记现金日记账。

6.4.3 现金支付范围

企业中不是所有的经济业务都要靠现金结算，按照《现金管理暂行条例》的规定，企业在以下 8 种情况下可以用现金支付，具体如表 6-8 所示。

表 6–8 可以用现金支付的 8 种情况

序号	可以用现金支付的情况
1	员工工资、奖金、津贴
2	个人劳动报酬
3	根据国家规定颁发给个人的科学技术、文化艺术、体育等各种奖
4	各种劳保、福利费用以及国家规定的对个人的其他支出
5	向个人收购农副产品和其他物资的价款
6	出差人员的差旅费
7	结算起点以下的小额支出，起点一般为 1000 元以下
8	需要支付现金的其他支出

如果遇到特殊情况，如采购地点不确定、交通不便利等，无法及时办理转账结算的，可以经过银行审核批准，用现金支付。

6.4.4 坐支现金

坐支现金，是指现金收入直接用于现金支出的那部分资金。按照《现金管理暂行条例》的相关规定，企业的现金支出、支付只能从库存现金限额中或者从开户银行提取，不得以业务收入直接抵用。

从这个角度看，坐支现金操作不当就是一种违规行为，直接关系到企业的会计核算和国家对企业经营状况的监督。因此，出纳人员应严格按照开户银行核定的坐支范围和坐支限额坐支现金，不得超过该范围和限额，并在单位的现金账上如实加以反映。为便于开户银行监督开户单位的坐支情况，坐支单位应定期向银行报送坐支金额和使用情况。

当然，并不是所有的企业都不允许坐支的，有些因其自身的特殊需要是可以进行坐支现金的，当然在进行坐支现金之前，是需要向开户银行提出申请的，说明坐支理由、用途以及每月预计坐支的金额，然后再由开户银行根据相关的规定进行审查，恒定开户单位的坐支范围和坐支限额。

那么，哪些单位允许有坐支行为的出现呢？主要包括以下 5 个：

①基层供销社、粮店、食品店、委托商店等销售兼营收购的单位，向个人收购支付的款项。

②邮局以汇兑收入款支付个人汇款。

③医院以收入款项退还病人的住院押金、伙食费及支付输血费等。

④饮食店等服务行业的营业找零款项等。

⑤其他有特殊情况而需要坐支的单位。

6.4.5　现金支付处理流程

现金支付业务主要包括主动支付现金的业务、被动支付现金的业务及向银行送存现金的业务三种情况，其在处理流程上存在着差异。

（1）主动支付现金的业务

主动支付是出纳部门发放工资、奖金、薪金、津贴以及福利等主动将现金付给收款单位或个人的现金支出，其处理流程如下：

流程一：根据有关的资料编制付款单，并计算出付款金额。

流程二：根据付款金额清点现金（不足部分应从银行提取），按单位或个人分别装袋。

流程三：现金发放时，如果是直接发放给收款人，要当面清点并由收款人签收（签字或盖章）。

流程四：如果是他人代为收款的，则由代收人签收。

流程五：根据付款单等资料编制记账凭证。

流程六：根据审核无误的记账凭证登记现金日记账。

主动支付现金业务所涉及的原始凭证大多数是属于自制凭证，如工资结算汇总表、支付证明单等。

支付证明单主要用于内部之间或与外单位付款业务中因某些原因未能取得对方开来的发票或收据，用此单来证明经济业务的实际发生。

（支付证明单模板详见“本章常用单据模板索引”。）

（2）被动支付现金的业务

被动支付是收款单位或个人持有关凭据到出纳部门领报现金，其处理流程如下：

流程一：受理原始凭证，如报销单据、借据、其他单位和个人的收款收据等。

流程二：审核原始凭证。

流程三：在审核无误的付款凭证上加盖“现金付讫”印章。

流程四：支付现金并进行复点，并要求收款人当面点清。

流程五：根据原始凭证编制记账凭证。

流程六：根据审核无误的记账凭证登记现金日记账。

（3）向银行送存现金的业务

由于在前面的“6.2.2　现金送存”中已经介绍过了，具体的步骤和内容参见“6.2.2　现金送存”中的讲解，这里将不再详细说明。

6.4.6　现金付款凭证的复核

现金付款凭证是根据现金付款业务的原始凭证编制的付款凭证，称为现金付款凭证。

出纳人员办理现金付款业务的依据是根据现金付款凭证，为了保证收款凭证的合法、真实和准确性，出纳人员需要对每笔现金支付业务涉及的凭证等都要认真复核。复核内容具体如表 6-9 所示。

表 6–9　现金付款凭证复核内容

核定情景	需要核实的内容
从银行提取现金或以现金支付	为避免重复，只按收付业务涉及的贷方科目编制付款凭证
现金付款凭证如出现红字时，表示现金收入的增加	为避免混淆，出纳人员在凭证上加盖的印章应仍为现金付讫章，以表示原经济业务付出的款项已全部退回
发生销货退回，如数量较少或退款金额在转账起点以下，需用现金退款时	须取得对方的收款收据，编制付款凭证。收据不得以退货发票代替
从外单位取得的原始凭证发生遗失	应从原签发单位取得盖有印章的证明，并注明原始凭证的名称、金额、经济内容等，经单位负责人批准，方可代替原始凭证；如果不能取得证明的，则由当事人写出详细情况，由同行人证明，并由主管领导和财务负责人批准，方可代替原始凭证

值得注意的是，有时填制付款凭证也可依据“原始凭证分割单”。原始凭证分割单就相当于一张自制原始凭证。作用是明确分割在一张原始凭证上记录的应该由两个或者两个以上单位（或部门）承担的经济业务。

原始凭证分割单必须具备原始凭证的基本内容（凭证名称、填制凭证日期、填制凭证单位名称或者填制人姓名、经办人的签名或者盖章、接受凭证单位名称、经济业务内容、数量、单价、金额），标明费用分摊情况，并在分割单上加盖单位的财务印章。

（详细模板见“本章常用单据模板索引”。）

6.4.7　现金付款业务的核算

出纳人员对现金付款业务的核算主要包括费用的预借和报销的核算、工资发放的核算、其他支付业务的核算。其会计分录处理如下：

①费用的预借和报销的核算。

借：其他应收款
　　管理费用
　　销售费用
　　贷：库存现金

②工资发放的核算。

借：应付员工薪酬
　　贷：库存现金

③其他支付业务的核算。

借：管理费用
　　制造费用
　　贷：库存现金

【案例说明】

某企业出纳，在 2019 年 1 月 10 日将 50000 现金存入银行。

借：银行存款　50 000
　　贷：库存现金　50 000

某企业王经理出差预借费用 2000 元，经审核后出纳以现金支付。

借：其他应收款——王经理　2 000
　　贷：库存现金　2 000

某企业行政部员工（张某）来财务报销交通费 500 元，通讯费 200 元。出纳支付员工（张某）700 元。

借：管理费用——交通费　500
　　管理费用——通讯费　200
　　贷：库存现金　700

某企业出纳支付给房东租赁费 10000 元，支付给物业公司水电费 3000 元。

借：管理费用——水电费　3 000

管理费用——房屋租赁费　　10 000

贷：库存现金　　　　　　　　13 000

某企业为了提高员工素质，组织了部门活动，期间通过现金支付了5000元的活动费，并已记账。

借：管理费用——员工活动费　　5 000

贷：库存现金　　　　　　　　5 000

某企业以现金支付企业购买邮票款60元。

借：管理费用　　60

贷：库存现金　　60

6.5 现金日记账管理

6.5.1 现金日记账的设置

现金日记账是会计人员根据审核无误的现金收付款凭证和银行存款付款凭证编制的现金帐簿用来逐日反映库存现金的收入、付出及结余情况。

现金日记账是企业重要的经济档案之一，为了确保账簿的安全、完整，现金日记账必须采用订本式账簿。由于现金收付业务在企业中时有发生，所以必须设置现金日记账，做到“有钱就有账，以账管钱，收付有记录，清查有手续”，以保证现金的合理使用和安全完整。现金日记账采用的是三栏式，其格式如表6-10所示。

表6-10　三栏式现金日记账

年		凭证编号		对方科目	摘要	借方	贷方	余额
月	日	现收	现付					
					本日合计			
					本月合计			

6.5.2 现金日记账的开启

为保证账簿使用的合法性，明确责任，防止舞弊，保证账簿资料的完整和便于查找，在启用时要按以下步骤：

①按规定内容填写账簿启用表和账簿目录表。填写账簿启用表时，要在表中写明单位名称、账簿名称、账簿编号和启用日期；在账簿目录表中经管人员一栏中写明经管人员姓名、职别、接管或移交日期，由会计主管人员签名盖章，并加盖单位印章。

②如果在一张日记账中设置两个以上现金账户的，应在第二页“账簿目录表”中注明各账户的名称和页码，以方便登记和查核。账簿启用表见表5-1，账簿交接表见表5-2，账簿目录表如表6-11所示。

表6–11 账簿目录表

编号	科目	页码	编号	科目	页码	编号	科目	页码

6.5.3 现金日记账的登记要求

登记日记账时要做到分工明确，专人负责，凭证齐全，内容完整，账款相符，数字真实，表达准确，书写工整，摘要清楚，便于查阅；不重记，不漏记，不错记，按期结账；不拖延积压，按规定方法更正错账等。具体要求如下：

（1）根据审核无误的收、付款记账凭证如实记账

登记时应将会计凭证的日期、种类和编号、业务的内容摘要、金额等逐项计入账内，同时要在会计凭证上注明账簿的页数，或画“√”符号，表示已经登记入账，防止漏记、重记和错记的情况发生。对于有问题的凭证，出纳人员应拒绝入账。

（2）现金日记账所记载的内容必须同会计凭证相一致，不得随便增减

现金日记账所记载的内容须做到数字准确、摘要清楚，即每一笔账都要写明记账凭证的日期、编号、摘要、金额和对应科目。经济业务的摘要不能过于简略，应以能够清楚地表述业务内容为度，便于事后查对。

（3）逐笔、序时登记日记账，做到日清月结

现金日记账必须当日账务当日记录，并于当日结出余额。现金收、付业务频繁的单位，还应随时结出余额，以掌握收、支计划的执行情况。

（4）连续登记，不得跳行、隔页，不得随便更换账页和撕去账页

各种账簿都必须逐页、逐行顺序连续登记，不得隔页、跳行。若在登

记时不小心出现空行或隔页的现象，应用红线对角划掉，并由记账人员盖章。

（5）文字和数字必须整洁清晰，准确无误

不得滥造简化字，不得使用同音异义字，不得写怪字体；摘要文字紧靠左线；数字要写在金额栏内，不得越格错位、参差不齐；文字、数字字体大小适中，紧靠下线书写，上面要留有适当空距，一般应占格宽的二分之一，以备按规定的方法改错。

（6）使用钢笔，以蓝、黑色墨水书写

不得使用圆珠笔（银行复写账簿除外）或铅笔书写，按照红字冲账凭证冲销错误记录及会计制度中规定用红字登记的业务可以用红色墨水记账。

（7）每一账页记完后，必须按规定转页

为便于计算日记账中连续记录的累计数额，并使前后账页的合计数据相互衔接，在每一账页登记完毕结转下页时，应结出本页发生额合计数及余额，写在本页最后一行和下页第一行的有关栏内，并在摘要栏注明过次页和承前页字样。

（8）现金日记账的结算

现金日记账通常是以月度、年度为单位结算余额，每月月末按规定结账，业务较多的企业甚至需要随时结账，以掌握收、支计划的执行情况。现金日记账计算方式如表6-12所示。

表6-12 现金日记账计算方式

月度结账时	在各账户的最后一笔数字下，结出本月借方发生额、贷方发生额和期末余额，在摘要栏内注明“本月发生额及期末余额”字样，并在数字的上端和下端各划一根红线
年度结账时	应将全年发生额的合计数填制于12月份结账记录的下面，并在摘要栏内注明“全年发生额及年末余额”字样，最后在数字下端划双红线，便是“封账”
年度结账后	根据各账户的年末余额过入新账簿，结转下年度

（9）记录发生错误时，必须按规定方法修正

为了提供在法律上有证明效力的核算资料，保证日记账的合法性，账簿记录不得随意涂改，严禁刮、擦、挖、补或使用化学药剂清除字迹。发现差错时，必须根据差错的具体情况采用划线更正、红字更正、补充登记等方法更正。

6.5.4　现金日记账的核对

出纳人员在收、付现金以后及时核对，是为了使现金日记账的账面记录完整与准确，但为了使其与有关的账目、款项相符，还要按照一定的流程进行对账。

所谓对账就是对账簿记录的内容进行核对，使账证、账账和账实相符的过程。主要有以下 3 种方法。

（1）账证核对

账证核对是对现金日记账记录的信息与收、付款凭证进行核对，要求账目和凭证完全一致。进行账证核对时要按照业务发生的先后顺序一笔一笔进行，确保不遗漏任何一项，如发现差错，要立即按规定方法更正，确认账证完全一致。核对的内容具体如图 6-13 所示。

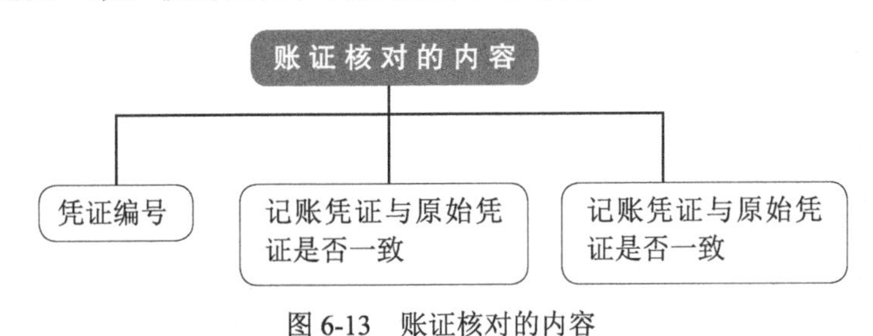

图 6-13　账证核对的内容

（2）账账核对

账账核对是对现金日记账与现金总分类账的期末余额进行核对，其记录的结果完全一致。出纳人员要定期出具“出纳报告单”与总账会计进行核对，具体内容如下。

每月终了结账后，总分类账各个科目的借方发生额、贷方发生额和余额都已试算平衡，一定要将总分类账中现金本月借方发生额、贷方发生额以及月末余额分别同现金日记账的本月收入（借方）合计数、本月支出（贷方）合计数和余额相互核对，查看账账之间是否完全相符。

如果不符，应查出差错出在哪一方：

①如果借方发生额出现差错，应查找现金收款凭证、银行存、付款凭证（提取现金业务）和现金收入一方的账目。

②如果贷方发生额出现差错，应查找现金付款凭证和现金付出一方的账目。找出错误后应立即按规定的方法加以更正，做到账账相符。

（3）账实核对

账实核对是对现金日记账的余额与实际库存数额的核对。出纳人员在每天业务终了以后，应自行清查账款是否相符，具体内容如下：

①结出当天现金日记账的账面余额。

②盘点库存现金的实有数。

看两者是否完全相符。

如果反复核对仍不相符的，出纳人员应立即向会计负责人报告，并对当天办理的收、付款业务逐笔回忆，争取尽快找出差错的原因。

出纳人员应定期或不定期地对库存现金进行清查，并在清查完毕后编制库存现金查点报告表。

（库存现金盘点表详见“本章常用单据模板索引”。）

6.6 现金的清查

6.6.1 现金清查的方法

现金清查是为了确保现金的安全，确保现金的安全除实行钱账分管制度外，出纳人员还应在每日和每月终了时根据日记账的合计数，结出库存现金余额，并与库存现金实有数核对。必须做到账款相符。

一旦清查出现金多余或短缺时，应及时报告上级领导，并做出相应的账务处理。不准以长顶短，或任意冲减现金。在查明原因前记入“待处理财产损溢－待处理流动资产损溢”。查明原因后记入“其他应付款－应付现金溢余－×××”或“其他应收款－应收现金短缺款－×××”（×××为个人或单位）。无法查明原因的损溢记入“管理费用－现金短缺”和“营业外收入－现金溢余”。

现金的清查方法主要有定期（日常）清查和不定期清查两种。

（1）定期清查

定期清查是要求出纳人员对库存现金做到日清日结。如果发现差错，首先要看差数的多少及其特点，然后确定查找方法。

假设出纳当天收付数与记账收付数不符，那么就是现金保管出现了差错。查找步骤如下：

①确定查找方法。

查看有无凭证丢失、漏记情况，再看是否有大写小写数错误；如发现现金差数既非大写小写数的差错，又不是颠倒的差错，那就要查是否是由于重记、漏记或误记而引起的差错。

②查库存现金。

查库存现金就是要对所有的票币逐张复点，并加计总数看是否有误。

（2）不定期清查

不定期清查是事先不规定清查时间，由专人组成清查小组对库存现金所进行的突击财产清查。采用实地盘点法来清点票数从而确定现金的实存数，再以实存数与现金日记账的账面余额进行核对，以查明盈亏情况。

采用不定期清查时，要求清查小组会同出纳人员共同负责，并在当天业务结束或开始之前进行，由出纳人员亲点现金，清查小组人员和会计主管监看，注意清查时不得以“白条”抵充库存现金，盘点结果要填入“现金盘点报告表”，并由清查人员、会计主管和出纳人员签章。

（现金清查盘点报告表详见“本章常用单据模板索引”。）

6.6.2　现金清查结果处理

对现金清查的结果，要根据情况进行分别处理：如属于违反现金管理有关规定的，应及时予以纠正；如属于账实不符的，应查明原因，并将“短款”或“长款”先记入“待处理财产损溢”账户，待查明原因后根据情况分别处理。处理方式如表 6-13 所示。

表 6–13　现金清查结果处理方式

账实不符的原因	处理方式
属于记账差错的	应及时予以更正
无法查明原因的	长款应计入营业外收入
出纳人员失职造成的	由出纳人员赔偿

对现金清查结果的会计分录如下：

①如果账款不符，发现现金短缺时。

借：待处理财产损溢

　　贷：库存现金

a. 由责任人赔偿时。

借：其他应收款

　　贷：待处理财产损溢——待处理流动资产损溢

b. 无法查明原因时。

借：管理费用——现金短缺

　　贷：待处理财产损溢——待处理流动资产损溢

②如果账款不符，发现现金溢余时。

借：库存现金

　　贷：待处理财产损溢——待处理流动资产损溢

a. 属于应支付时。

借：待处理财产损溢——待处理流动资产损溢

　　贷：其他应收款

b. 无法查明原因时。

借：待处理财产损溢——待处理流动资产损溢

　　贷：营业外收入

6.6.3 现金清查业务出纳实操

出纳人员每天需要处理大量的现金业务，频繁地收发现金，还要填写、编制各种原始凭证。为了全面地控制和了解现金业务的来龙去脉，现在以案例的形式来说明原始凭证的账务处理方法。

【案例说明】

某公司 2019 年 8 月 25 日的“库存现金”账户余额是 3300 元，库存限额是 5000 元，当天发生下列现金收支业务：

业务 1：根据领导已审批的工资表，1 月份工资为 21000 元，开出现金支票向银行提现。

业务 2：开出现金支票 1700 元，补足库存限额作为备用金。

业务 3：发放 1 月份工资 21000 元；其中管理人员工资 3500 元，生产车间管理人员 1500 元，生产工人工资 12000 元，销售人员工资 4000 元。

业务 4：收回贷款 500 元，1 月份已开发票并已发货。

业务 5：员工赵某因公出差，预借差旅费 1000 元，预计 4 天后返回。

业务 6：支付办公室 1 月份水电费 340 元。

业务 7：支付员工邓某的工伤医疗费用 280 元。

业务 8：退回上个月预收某单位的包装物押金 500 元。

业务 9：生产部门开始实行定额备用金制，领取现金 1000 元。

业务 10：出售办公室废旧报刊，取得现金 50 元。

业务 11：销售货物一件，金额为 500 元，增值税税额为 65 元，已收齐贷款并发货。

业务 12：车间购买办公用品，款项 100 元用现金支付。

业务 13：赵某出差归来，报销差旅费 1250 元，其中火车票 450 元，市内交通费 300 元，住宿费 4 天 300 元，伙食补助每天 15 元共计 60 元，邮电费 40 元，行李运费 100 元。差旅费报销经单位有关领导审批后再补付现金 250 元。

（1）编制记账凭证

根据上述发生的业务而编制的记账凭证如表 6-14 ～表 6-26 所示。

表 6–14　工资发放记账凭证

记账凭证

2019 年 8 月 25 日　　　　记字第 01 号

摘 要	总账科目	明细科目	过账	借方金额										过账	贷方金额									
				千	百	十	万	千	百	十	元	角	分		千	百	十	万	千	百	十	元	角	分
提取现金	库存现金		√				2	1	0	0	0	0	0											
	银行存款													√				2	1	0	0	0	0	0
合 计						¥	2	1	0	0	0	0	0				¥	2	1	0	0	0	0	0

附件 × 张

财务主管 王 ××　　记账 张 ×　　出纳 苏 ××　　审核 李 ××　　制单 赵 ××

表 6–15　补足库存限额记账凭证

记账凭证

2019 年 8 月 25 日　　　　记字第 02 号

摘 要	总账科目	明细科目	过账	借方金额										过账	贷方金额									
				千	百	十	万	千	百	十	元	角	分		千	百	十	万	千	百	十	元	角	分
提取现金	库存现金		√					1	7	0	0	0	0											
	银行存款													√					1	7	0	0	0	0
合 计							¥	1	7	0	0	0	0					¥	1	7	0	0	0	0

附件 × 张

财务主管 王 ××　　记账 张 ×　　出纳 苏 ××　　审核 李 ××　　制单 赵 ××

表 6-16 管理人员工资发放记账凭证

记账凭证

2019 年 8 月 25 日　　　　记字第 03 号

摘 要	总账科目	明细科目	过账	借方金额										过账	贷方金额								
				千	百	十	万	千	百	十	元	角	分		千	百	十	万	千	百	十	元	角	分
发放工资	管理费用		√					3	5	0	0	0	0											
	制造费用		√					1	5	0	0	0	0											
	生产成本		√				1	2	0	0	0	0	0											
	销售费用		√					4	0	0	0	0	0											
	库存现金													√				2	1	0	0	0	0	0
合 计						¥	2	1	0	0	0	0	0				¥	2	1	0	0	0	0	0

附件 × 张

财务主管 王×× 记账 张× 出纳 苏×× 审核 李×× 制单 赵××

表 6-17 贷款回收记账凭证

记账凭证

2019 年 8 月 25 日　　　　记字第 04 号

摘 要	总账科目	明细科目	过账	借方金额										过账	贷方金额								
				千	百	十	万	千	百	十	元	角	分		千	百	十	万	千	百	十	元	角	分
收回货款	库存现金		√						5	0	0	0	0											
	应收账款													√						5	0	0	0	0
合 计								¥	5	0	0	0	0						¥	5	0	0	0	0

附件 × 张

财务主管 王×× 记账 张× 出纳 苏×× 审核 李×× 制单 赵××

表 6–18　员工（赵）预借差旅费记账凭证

记账凭证

2019 年 8 月 25 日　　　　记字第 05 号

摘　要	总账科目	明细科目	过账	借方金额										过账	贷方金额									
				千	百	十	万	千	百	十	元	角	分		千	百	十	万	千	百	十	元	角	分
预借差旅费	其他应收款	差旅费	√					1	0	0	0	0	0											
	库存现金													√					1	0	0	0	0	0
合　计							¥	1	0	0	0	0	0					¥	1	0	0	0	0	0

附件 × 张

财务主管 王××　　记账 张×　　出纳 苏××　　审核 李××　　制单 赵××

表 6–19　水电费支付记账凭证

记账凭证

2019 年 8 月 25 日　　　　记字第 06 号

摘　要	总账科目	明细科目	过账	借方金额										过账	贷方金额									
				千	百	十	万	千	百	十	元	角	分		千	百	十	万	千	百	十	元	角	分
支付办公司	管理费用		√						3	4	0	0	0											
水电费	库存现金													√						3	4	0	0	0
合　计								¥	3	4	0	0	0						¥	3	4	0	0	0

附件 × 张

财务主管 王××　　记账 张×　　出纳 苏××　　审核 李××　　制单 赵××

表 6-20 员工（邓）医疗费支付记账凭证

记账凭证

2019 年 8 月 25 日　　　　记字第 07 号

摘要	总账科目	明细科目	过账	借方金额										过账	贷方金额									
				千	百	十	万	千	百	十	元	角	分		千	百	十	万	千	百	十	元	角	分
支付邓某的	应付员工薪酬	医疗费	√						2	8	0	0	0											
工伤医疗费	库存现金													√						2	8	0	0	0
合计								¥	2	8	0	0	0						¥	2	8	0	0	0

附件 × 张

财务主管 王××　记账 张×　出纳 苏××　审核 李××　制单 赵××

表 6-21 押金收回记账凭证

记账凭证

2019 年 8 月 25 日　　　　记字第 08 号

摘要	总账科目	明细科目	过账	借方金额										过账	贷方金额									
				千	百	十	万	千	百	十	元	角	分		千	百	十	万	千	百	十	元	角	分
退回包装物	其他应付款		√						5	0	0	0	0											
押金	库存现金													√						5	0	0	0	0
合计								¥	5	0	0	0	0						¥	5	0	0	0	0

附件 × 张

财务主管 王××　记账 张×　出纳 苏××　审核 李××　制单 赵××

表 6-22 生产部门领备用金记账凭证

记账凭证

2019 年 8 月 25 日　　　　记字第 09 号

摘要	总账科目	明细科目	过账	借方金额										过账	贷方金额									
				千	百	十	万	千	百	十	元	角	分		千	百	十	万	千	百	十	元	角	分
生产部门领	其他应收款	生产部门备用金	√					1	0	0	0	0	0											
取备用金	库存现金													√					1	0	0	0	0	0
合　计							¥	1	0	0	0	0	0					¥	1	0	0	0	0	0

附件 × 张

财务主管 王 ×× 　记账 张 × 　出纳 苏 ×× 　审核 李 ×× 　制单 赵 ××

表 6-23 公司出售旧报刊记账凭证

记账凭证

2019 年 8 月 25 日　　　　记字第 10 号

摘要	总账科目	明细科目	过账	借方金额										过账	贷方金额									
				千	百	十	万	千	百	十	元	角	分		千	百	十	万	千	百	十	元	角	分
出售旧报刊	库存现金		√							5	0	0	0											
	管理费用													√							5	0	0	0
合　计									¥	5	0	0	0							¥	5	0	0	0

附件 × 张

财务主管 王 ×× 　记账 张 × 　出纳 苏 ×× 　审核 李 ×× 　制单 赵 ××

表 6-24 公司销售货物货款记账凭证

记 账 凭 证

2019 年 8 月 25 日　　　　　　　　　　记字第 11 号

摘 要	总账科目	明细科目	过账	借方金额										过账	贷方金额									
				千	百	十	万	千	百	十	元	角	分		千	百	十	万	千	百	十	元	角	分
销售货物	库存现金		√						5	6	5	0	0											
	主营业务收入													√						5	0	0	0	0
	应交税费	应交增值税（销项）												√							6	5	0	0
合 计								¥	5	6	5	0	0						¥	5	6	5	0	0

附件 × 张

财务主管 王××　　记账 张×　　出纳 苏××　　审核 李××　　制单 赵××

表 6-25 购买车间办公用品记账凭证

记 账 凭 证

2019 年 8 月 25 日　　　　　　　　　　记字第 12 号

摘 要	总账科目	明细科目	过账	借方金额										过账	贷方金额									
				千	百	十	万	千	百	十	元	角	分		千	百	十	万	千	百	十	元	角	分
购买车间的	制造费用		√						1	0	0	0	0											
办公用品	库存现金													√						1	0	0	0	0
合 计								¥	1	0	0	0	0						¥	1	0	0	0	0

附件 × 张

财务主管 王××　　记账 张×　　出纳 苏××　　审核 李××　　制单 赵××

表 6-26　员工（赵）差旅费报销记账凭证

记账凭证

2019 年 8 月 25 日　　　　　　　　　　记字第 13 号

摘要	总账科目	明细科目	过账	借方金额										过账	贷方金额										
				千	百	十	万	千	百	十	元	角	分		千	百	十	万	千	百	十	元	角	分	
报销差旅费	管理费用	差旅费	√					1	2	5	0	0	0												
	库存现金													√						2	5	0	0	0	附件
	其他应收款	赵某												√					1	0	0	0	0	0	×
																									张
合　计							¥	1	2	5	0	0	0					¥	1	2	5	0	0	0	

财务主管　王 ××　　记账　张 ×　　出纳　苏 ××　　审核　李 ××　　制单　赵 ××

（2）制作现金日记账

综上所述，对该公司这段时期内所有的资金往来业务进行总结，制作现金日记账汇总表。根据编制的记账凭证来登记现金日记账，具体内容如表 6-27 所示。

表 6-27　该公司所有现金日记账

2019年		凭证	摘要	借方											核对	贷方											核对	借或贷	余额											核对
月	日	号数		亿	千	百	十	万	千	百	十	元	角	分		亿	千	百	十	万	千	百	十	元	角	分			亿	千	百	十	万	千	百	十	元	角	分	
			期初余额																									借						3	3	0	0	0	0	
8	25	01	提取现金					2	1	0	0	0	0	0																										
8	25	02	提取备用金						1	7	0	0	0	0																										
8	25	03	发放工资																	2	1	0	0	0	0	0														
8	25	04	收回货款							5	0	0	0	0																										
8	25	05	预借差旅费																		1	0	0	0	0	0														
8	25	06	支付办公司水电费																			3	4	0	0	0														
8	25	07	支付工伤医疗费																			2	8	0	0	0														
8	25	08	退回包装物押金																			5	0	0	0	0														
8	25	09	生产部门领用备用金																		1	0	0	0	0	0														
8	25	10	出售旧报刊								5	0	0	0																										
8	25	11	出售货物							5	6	5	0	0																										
8	25	12	购买车间办公用品																			1	0	0	0	0														
8	25	13	报销差旅费																			2	5	0	0	0														
			本月合计					2	3	8	1	5	0	0						2	4	4	7	0	0	0		借						2	6	4	5	0	0	

（3）编制现金盘点报告表

根据现金日记账进行现金清查，清查时要求出纳人员在场，将库存现金实有数与现金日记账余额进行核对。并根据核对的情况编制“现金清查盘点报告表”。

清查小组清点时，发现库存现金实有1615元；亏空150元，因此，编制的现金盘点报告表如表6-28所示。

表6-28 现金盘点报告表

单位名称： 2019年8月28日 单位：元

账面金额	实存金额	清查结果		备注
		盘盈	盘亏	
1 760.00	1 615.00		150	

监盘人：杨× 会计主管：王×× 出纳人员：苏××

（4）编制现金收付凭证

报经批准前，出纳人员根据现金清查盘点报告表上批准的处理意见，编制现金付款凭证，如表6-29所示。

表6-29 现金付款凭证

总号：现付字第14号

贷方科目：库存现金 2019年8月28日 分号：

对方单位	摘 要	借方科目		金额										
		总账科目	明细科目	亿	千	百	十	万	千	百	十	元	角	分
	现金短缺	待处理财产损益	待处理流动资产损益							1	5	0	0	0
结算方式及票号：			合计						¥	1	5	0	0	0

附件2张

财务主管 王×× 记账 张× 出纳 苏×× 审核 李×× 制单 赵××

报经批准后，根据现金盘点报告表上批准的处理意见：出纳人员赔偿50元，另100元转作管理费用处理编制转账凭证。转账凭证如表6-30所示。

表 6-30　转账凭证

总号：转字第 14 号

贷方科目：库存现金　　　　2019 年 8 月 28 日　　　　分号：

摘　要	借方科目		√	贷方科目		√	金额										
	总账科目	明细科目		总账科目	明细科目		亿	千	百	十	万	千	百	十	元	角	分
批准转销	其他应收款			待处理财产损益	待处理流动资产损益								1	0	0	0	0
	管理费用			待处理财产损益	待处理流动资产损益												
合计												¥	1	5	0	0	0

财务主管 王××　　记账 张×　　出纳 苏××　　审核 李××　　制单 赵××

收到出纳人员赔偿现金 50 元，应继续编制现金收款凭证，具体如表 6-31 所示。

表 6-31　收款凭证

总号：现收字第 16 号

贷方科目：库存现金　　　　2019 年 8 月 28 日　　　　分号：

对方单位	摘　要	借方科目		金额										
		总账科目	明细科目	亿	千	百	十	万	千	百	十	元	角	分
	收到赔款	其他应收款									5	0	0	0
结算方式及票号：			合计							¥	5	0	0	0

附件 2 张

财务主管 王××　　记账 张×　　出纳 苏××　　审核 李××　　制单 赵××

本章常用单据模板索引

表 1 现金支票模板

<table>
<tr><td rowspan="6">××银行现金支票存根

支票号码
科目________
对方科目________
出票日期 年 月 日

收款人：
金　额：
用　途：

单位主管　　会计</td><td colspan="3">××银行现金支票　　地名　　支票号码

出票日期（大写）　年　月　日　　付款行名称：
收款人：　　出票人账号：</td></tr>
<tr><td rowspan="5">本支票付款期限十天</td><td>人民币
（大写）</td><td>千 | 百 | 十 | 万 | 千 | 百 | 十 | 元 | 角 | 分</td></tr>
<tr><td rowspan="4">用途________
上列款项请从
我账户内支付

出票人签章</td><td>科目（借）________
对方科目（贷）________
付讫日期　年　月　日
出纳　复核　记账</td></tr>
<tr><td>贴对号单处　　出　纳
对号单</td></tr>
</table>

表 2 银行解款单第一联模板

××银行 解款单（回单）

科目：　　　　____年__月__日　　　　对方科目：

此联由银行盖章后退回单位

<table>
<tr><td colspan="2">款项来源</td><td colspan="3"></td><td rowspan="2">收款人</td><td>全部</td><td colspan="5"></td></tr>
<tr><td colspan="2">解款部门</td><td colspan="3"></td><td>账号</td><td colspan="5"></td></tr>
<tr><td colspan="11">人民币
（大写）</td><td>十 | 万 | 千 | 百 | 十 | 元 | 角 | 分</td></tr>
<tr><td>票面</td><td>张数</td><td>票面</td><td>张数</td><td>种类</td><td>百</td><td>十</td><td>元</td><td>角</td><td>分</td><td colspan="2" rowspan="4">

（收款银行盖章）</td></tr>
<tr><td>一百元</td><td></td><td>十元</td><td></td><td>角票</td><td></td><td></td><td></td><td></td><td></td></tr>
<tr><td>五十元</td><td></td><td>五元</td><td></td><td>分币</td><td></td><td></td><td></td><td></td><td></td></tr>
<tr><td>二十元</td><td></td><td>一元</td><td></td><td>封包</td><td></td><td></td><td></td><td></td><td></td></tr>
</table>

表 3 银行解款单第二联模板

× × 银行 解款单（收入凭证）

××××年××月××日

总 字	第 号
现金日记账顺序	号

款项来源		收款人	全部账号	
解款部门				

人民币（大写）：	十	万	千	百	十	元	角	分

票面	张数	票面	张数	种类	百	十	元	角	分		会计分录：
一百元		十元		角票							（贷）
五十元		五元		分币							科目：（借）
二十元		一元		封包						（收款银行盖章）	会计 记账 复核 出纳

附件 张

表 4 银行解款单第三联模板

× × 银行 解款单（附联）

款项来源		收款人	全部账号	
解款部门				

人民币（大写）：	十	万	千	百	十	元	角	分

票面	张数	票面	张数	种类	百	十	元	角	分		会计分录：
一百元		十元		角票							（贷）
五十元		五元		分币							科目：（借）
二十元		一元		封包						（收款银行盖章）	会计 记账 复核 出纳

作附件

表 5 支付证明单模板

支付证明单

总号：________第______号

科目： ____年__月__日 分号：______字第______号

事由或品名	数量	单位	单价	金额						
				万	千	百	十	元	角	分

共计金额	万 仟 佰 拾 元 角 分¥__________		
受款人		未能取得单据原因	

主管人 会计 出纳 记账 证明人 经手人

表 6　原始凭证分割单模板

_____年__月__日　　　　编号：

<table>
<tr><td colspan="2">接受单位名称</td><td colspan="3"></td><td>地址</td><td colspan="11"></td></tr>
<tr><td rowspan="2">原始凭证</td><td>单位名称</td><td colspan="3"></td><td>地址</td><td colspan="11"></td></tr>
<tr><td>名称</td><td></td><td>日期</td><td colspan="2"></td><td colspan="2">编号</td><td colspan="9"></td></tr>
<tr><td colspan="2" rowspan="2">总金额</td><td colspan="5" rowspan="2">人民币（大写）</td><td>千</td><td>百</td><td>十</td><td>万</td><td>千</td><td>百</td><td>十</td><td>元</td><td>角</td><td>分</td></tr>
<tr><td></td><td></td><td></td><td></td><td></td><td></td><td></td><td></td><td></td><td></td></tr>
<tr><td colspan="2" rowspan="2">分割金额</td><td colspan="5" rowspan="2">人民币（大写）</td><td>千</td><td>百</td><td>十</td><td>万</td><td>千</td><td>百</td><td>十</td><td>元</td><td>角</td><td>分</td></tr>
<tr><td></td><td></td><td></td><td></td><td></td><td></td><td></td><td></td><td></td><td></td></tr>
<tr><td colspan="2">原始凭证主要内容、分割原因</td><td colspan="15"></td></tr>
<tr><td colspan="2">备注</td><td colspan="15">该原始凭证附在本单位　　年　月　日第　号记账凭证内</td></tr>
</table>

表 7　库存现金盘点表模板

_____年__月__日　　　　编制人：

清点现金			核对账目		
货币面额	张数	金额	项目	金额	备注
			现金账目余额		
			加：收入凭证未记账		
			减：付出凭证未记账		
			调整后现金账余额		
			实点现金		
			长款（+）		
			短款（-）		
实点	合计		折合人民币		

会计人员：　　　　　　　　　　　　出纳人员：

表 8　现金清查盘点报告表模板

单位名称：　　　　　　　　　　____年__月__日　　　　　　　　　　单位 / 元

<table>
<tr><td rowspan="2">账面金额</td><td rowspan="2">实存金额</td><td colspan="2">清查结果</td><td rowspan="2">备注</td></tr>
<tr><td>盘盈</td><td>盘亏</td></tr>
<tr><td></td><td></td><td></td><td></td><td></td></tr>
<tr><td></td><td></td><td></td><td></td><td></td></tr>
<tr><td></td><td></td><td></td><td></td><td></td></tr>
</table>

监盘人：　　　　　　　　　　会计主管：　　　　　　　　　　出纳人员：

表 9　现金借款单模板

<table>
<tr><td colspan="6">现金借款单</td></tr>
<tr><td>借款人姓名</td><td colspan="2"></td><td colspan="2">借款日期</td><td></td></tr>
<tr><td rowspan="2">借款金额</td><td colspan="5">小写金额：</td></tr>
<tr><td colspan="5">大写金额：</td></tr>
<tr><td>借款事由</td><td></td><td></td><td colspan="2">还款日期</td><td></td></tr>
<tr><td colspan="2">总经理签字</td><td colspan="2">借款人签字</td><td colspan="2">出纳</td></tr>
</table>

表 10　现金提 / 存款单模板

<table>
<tr><td colspan="6">现金提 / 存款单</td></tr>
<tr><td>提 / 存款人姓名</td><td colspan="2"></td><td colspan="2">提 / 存款日期</td><td></td></tr>
<tr><td rowspan="2">提 / 存款金额</td><td colspan="5">小写金额：</td></tr>
<tr><td colspan="5">大写金额：</td></tr>
<tr><td>提 / 存款事由</td><td colspan="2"></td><td colspan="2">还款日期</td><td></td></tr>
<tr><td colspan="2">总经理签字</td><td colspan="2">提 / 存款人签字</td><td colspan="2">出纳</td></tr>
</table>

表 11 清理备用金的通知模板

通　知

各部门：

为提高资金使用效率，确保公司资产安全，配合 201× 年财务结账工作，财务部自 20×× 年 ×× 月 ×× 日起开展备用金、预付账款清理工作，具体要求如下：

（1）备用金清理　所有挂在个人名下备用金的借款，务必在 20×× 年 ×× 月 ×× 日之前进行清账处理，已经支付的备用金请及时报销，未支付的请及时归还，若 ×× 日之前不能清理完毕，将从个人未发放的个人工资中扣除。

（2）预付账款清理　公司预付给外单位及个人的款项，相关经办人员请及时催要发票，务必在 20×× 年 ×× 月 ×× 日前到财务销账，财务部自 20×× 年 ×× 月 ×× 日起不再受理 20×× 年的票据报销。

另外，凡 20×× 年度发生的费用，报销期限为自即日起至 20×× 年 ×× 月 ×× 日，过期财务不再受理。

望相关人员尽快办理！

财务部

____年__月__日

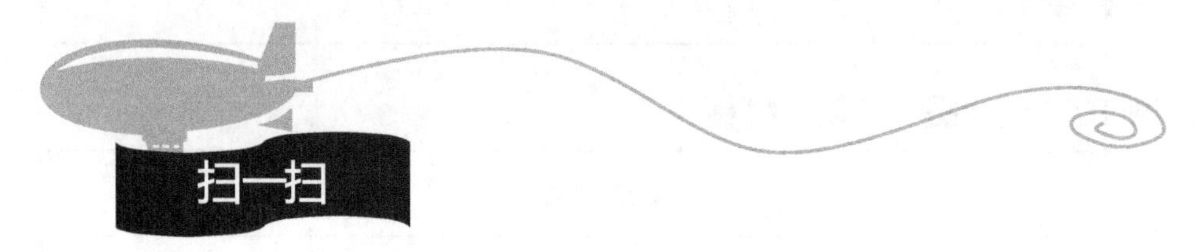

可下载本章电子版表格模板

第7章 银行账户管理

出纳人员的日常工作离不开银行，很大一部分业务都需要去银行办理。但很多出纳新人常常受企业和银行的“夹板气”，为什么？根源在于对业务的不熟悉。要想顺利地完成每一笔与银行有关的业务，就需要了解各种银行业务，如账户管理、结算业务、转存业务等，熟悉各种表格，会看，会填，会运用，及对其进行高效管理。

7.1 银行结算管理

7.1.1 银行结算

银行结算是指通过银行账户的资金转移所实现收付的行为，即银行接受客户委托代收代付，从付款单位存款账户划出款项，转入收款单位存款账户，以此完成经济往来之间债权债务的清算或资金的调拨。

银行结算指通过银行账户进行资金收、付、转移的行为。具体是指付款单位（或个人）通过银行账户直接将应付款划转到收款单位（或个人）银行账户中，银行在这个过程中承担着资金的中转作用，收付款单位委托代收代付，完成债权债务的清算或资金的调拨。

银行、付款单位、收款单位之间的关系如图 7-1 所示。

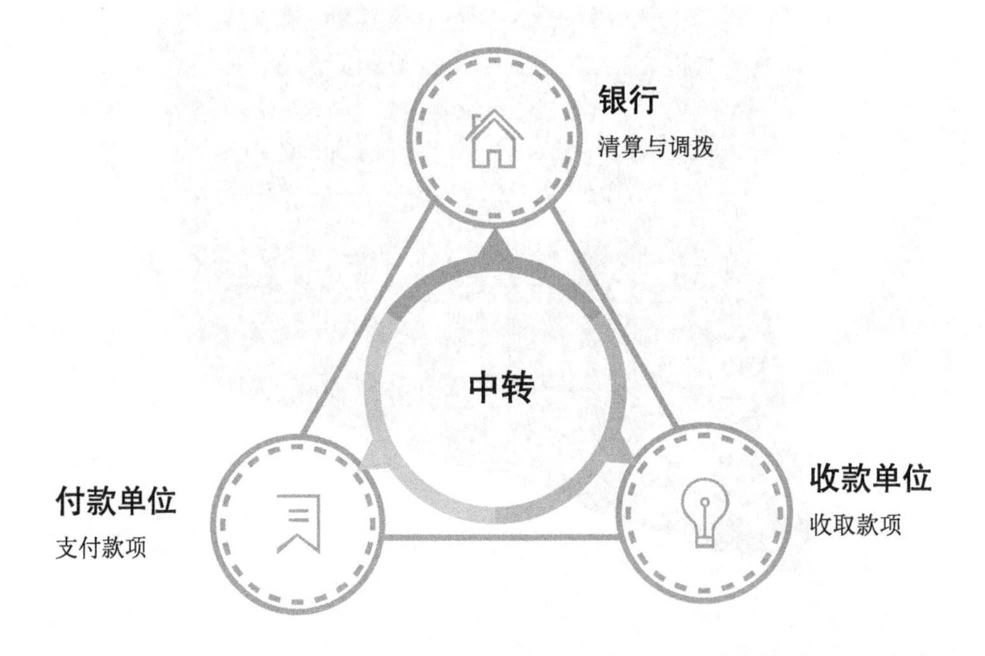

图 7-1 银行、付款单位、收款单位之间的关系

目前，国内常用的银行结算方式主要有 8 种，分别为银行汇票、商业汇票、银行本票、支票、委托收款、托收承付、汇兑、信用证，具体解释如图 7-2 所示。

银行汇票 具有使用灵活、票随人到、兑现性强等特点。适用于先收款后发货或钱货两清的商品交易	商业汇票 分商业承兑汇票和银行承兑汇票。商业承兑汇票由银行以外的付款人承兑，银行承兑汇票由银行承兑。付款期限最长不得超过 6 个月	银行本票 见票即付，不予挂失，当场抵用，付款保证程度高。分为不定额和定额两种，付款期限：出票日起最长不得超过 2 个月
支票 使用方便，手续简便灵活；可以背书转让，用于支取现金的支票不得背书转让。付款期限：自出票日起 10 天		委托收款 分邮寄和电报划回，凡在银行或其他金融机构开立账户的单位和个体户，同城、异地均可使用
托收承付 只适用于异地订有经济合同的商品交易及相关劳务款项的结算。代销、寄销、赊销商品的款项，不得办理托收承付结算	汇兑 即委托银行作为付款人进行付款。便于汇款人向异地的收款人主动付款，适用范围十分广泛	信用证 是银行应进口商要求，开给出口商的一种在一定条件下保证付款的银行保汇文件

图 7-2　国内常用的银行结算方式

不同结算方式特点不同，使用场景也有所差异。出纳人员在具体运用时需要根据企业需求，如付款期限、企业信用度、票据转让形式、是否贷款以及所经营商品的购销情况等，进行有针对性的选择。这些都会成为选择结算方式的限制条件，具体内容如图 7-3 所示。

付款期限

即期收款可选支票、银行本票、银行汇票等方式；
约期收款可选银行承兑汇票、商业承兑汇票、国内信用证等方式。

企业信用度

销货方对购货方缺乏信任度，可选银行本票、银行汇票、银行承兑汇票和国内信用证等结算方式；
销货方对购货方的信任度很高，则还可考虑商业承兑汇票、托收承付、委托收款等结算方式。

票据转让形式

收款人能再次背书转让票据，可选汇票、本票、支票等结算方式；
收款人不能再次背书转让票据，可选国内信用证、汇兑、委托收款、托收承付等结算方式。

图 7-3

是否贷款

持票人要凭票从商业银行取得贷款，可选银行承兑汇票、商业承兑汇票、国内信用证等结算方式；
持票人不要凭票从商业银行取得贷款，则选其他结算方式。

所经营商品的购销情况

处于供不应求状态，可选汇兑、支票款到账后发货、银行本票、银行汇票等结算方式；
处于供求平衡状态，除上述结算方式外，可选银行承兑汇票、国内信用证、支票等结算方式；
处于供大于求状态，可选商业承兑汇票、托收承付、委托收款等结算方式。

图 7-3 结算方式选择的限制条件

各种结算凭证可直接用来办理转账、结算和现金收付。因此，银行结算凭证是收付款双方及银行办理银行转账结算的书面凭证。银行结算凭证是银行结算的重要组成部分，是银行办理款项划拨、收付款单位和银行进行会计核算的依据。

7.1.2 银行账户的开立与管理

为了方便办理存款、取款和转账结算，要按照国家现金管理和结算制度的规定，在银行开立存款账户，并对开立的银行存款账户进行管理。

（1）银行存款账户的开立

企业开立银行存款账户分为基本存款账户、一般存款账户、临时存款账户和专用存款账户。根据《银行账户管理办法》的规定，企业开立什么样的银行账户，需要结合自身因素考虑，需要考虑的因素通常有4个，如图7-4所示。

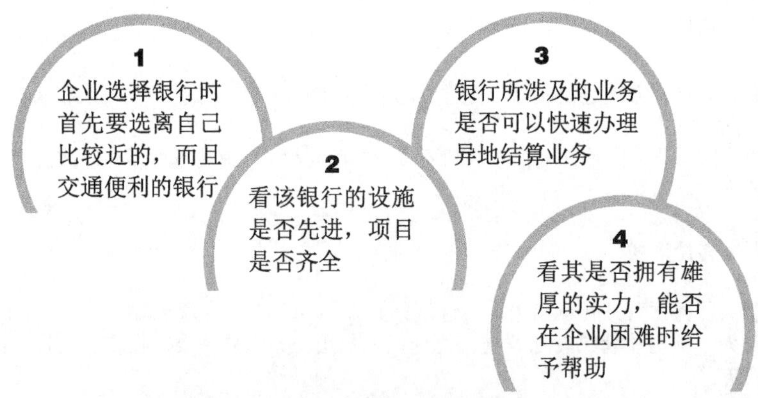

图 7-4 企业开立银行账户时考虑的因素

①基本存款账户。

基本存款账户是指存款人办理日常转账结算和现金收付的账户。根据《银行账户管理办法》规定，存款人只能在银行开立一个基本存款账户，不能多头开立。企业要想开立基本存款账户，还应具备 3 点基本条件，如表 7-1 所示。

表 7-1　企业开立基本存款账户的条件

企业开立基本存款账户的条件
1. 企业或个体工商户开立基本存款账户时要有当地工商行政管理部门核发的“企业法人执照”或“营业执照”正本，并经公安部门批准，刻制与营业执照或文件中名称完全相同的印章与财务章
2. 机关、事业单位开立基本存款账户时要有中央或地方编制委员会、人事、民政等部门的批文，并经公安部门批准，刻制与营业执照或文件中名称完全相同的印章与财务章
3. 要有企业法人的名章、财务主管人的名章及负责办理银行业务的财务人员的名章

具有开立基本存款账户的资格后，也需要按照流程提出申请、提交相关材料。具体流程如图 7-5 所示。

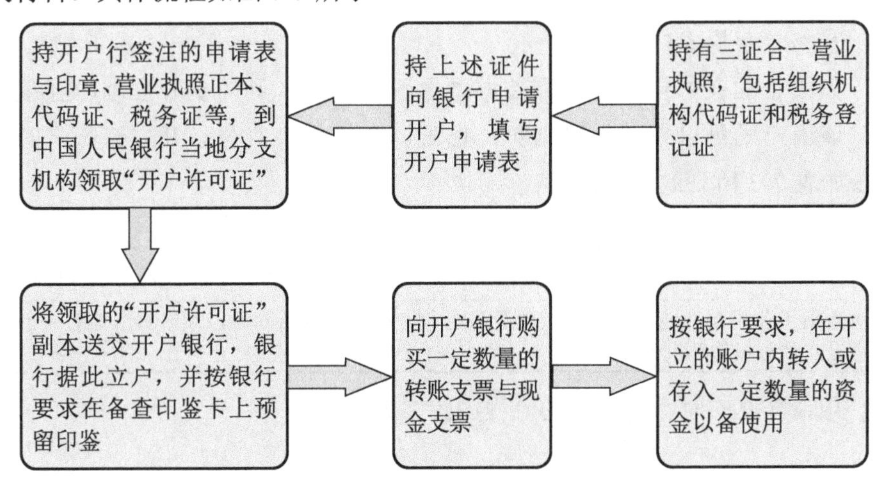

图 7-5　申请开立基本存款账户的流程

②一般存款账户。

一般存款账户是存款人因借款或其他结算需要，在基本存款账户开户银行以外的银行开立的银行结算账户。存款人开立一般存款账户没有数量限制，但一般存款账户不能在存款人基本存款账户的开户银行开立。

企业如果只办理转账结算和现金缴存，不办理现金支取业务时，可以开立一般存款账户。开立该账户时要具备如表 7-2 所列条件。

表 7-2　企业开立一般存款账户的条件

1. 开立时须向开户银行出具借款合同或借款借据
2. 如果已经开立基本存款账户，必须在基本存款账户开户银行以外的银行营业机构开立
3. 可以是与基本存款账户的存款人不在同一地点的附属非独立核算单位，开立时须向开户银行出具基本存款账户的存款人同意其附属非独立核算单位开户的证明

企业申请开立一般存款账户的流程如图 7-6 所示。

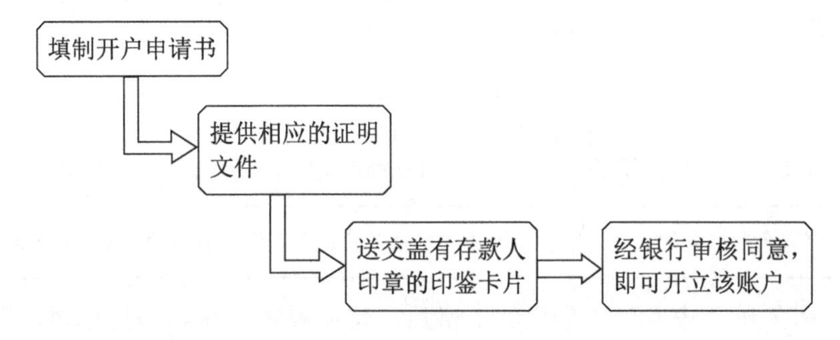

图 7-6　申请开立一般存款账户的流程

③临时存款账户。

如果企业在外地或临时需要办理经营活动的，则需要开立临时存款账户。该账户既可以办理转账结算，也可以办理现金收付。开立该账户时应具备如表 7-3 所列的条件。

表 7–3　临时存款账户的开立条件

1. 适用于公司驻外地的办事处、分（子）公司，须出具当地工商行政管理机关核发的执照
2. 也适用于公司在外地发生的某一项经济业务、临时经营活动等，须出具当地有关部门同意设立临时机构的批件

申请开立临时存款账户的流程如图 7-7 所示。

图 7-7　申请开立临时存款账户的流程

④专用存款账户。

企业因特定业务而开立的专用账户，包括基本建设投资、更新改造资金和其他特定用途，需要专户管理的资金。

开立该账户时应具备如表 7-4 所列条件。

表 7–4　专用存款账户的开立条件

1. 适用于特定用途的资金，由存款人向开户银行出具相应证明即可开立该账户
2. 需提供经有关部门批准立项的文件、国家有关文件的规定

申请开立专用存款账户的流程如图 7-8 所示。

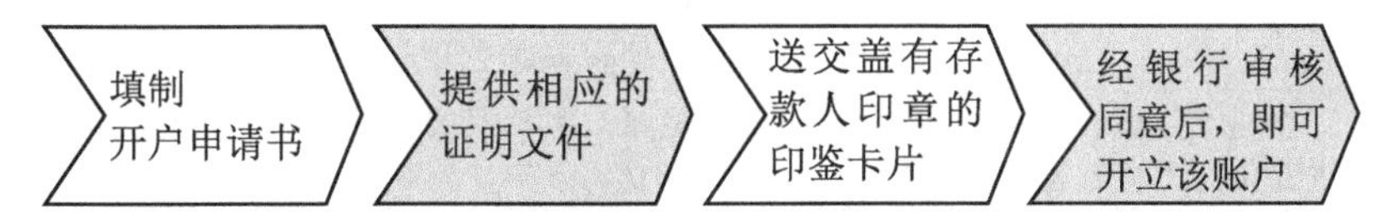

图 7-8　申请开立专用存款账户的流程

（2）银行存款账户的管理

①银行存款账户的管理原则。

根据《银行账户管理办法》的规定，银行存款账户管理应遵循如图 7-9 所示的基本原则。

一个账户原则

无论是企业还是个人都只能在银行开立一个基本存款账户，该账户实行由中国人民银行当地分支机构核发的开户许可制度

自愿选择原则

无论是存款人还是银行都可以自愿选择，双方不得相互强制

存款保密原则

银行要依法对存款人的相关信息资料进行保密，不得代任何人查询、冻结、扣划存款人账户内存款，但国家法律规定和国务院授权中国人民银行总行的监督项目除外

图 7-9　银行存款账户管理原则

②银行存款账户的管理。

银行存款账户的管理，主要是指有关银行存款账户的更户、并户、迁户、撤户和使用等内容的管理。

a. 更户。在以下两种情况时，需要对银行存款账户的名称进行变更。

一种是企业资金来源或所有制性质未发生变化，另一种是企业资金来源或性质发生变化，所有制也随之变更。具体内容如表 7-5 所示。

表 7–5 变更账户时的两种情况

序号	变更账户情况	变更的内容
1	企业资金来源或所有制性质未发生变化	只需变更账户名称，而账号却不必变更。但是营业执照的名称和印章名称却必须要变更
		变更以后由出纳人员拿新的营业执照与印章去开户银行要回“开户许可证”副本，连同保存的正本一起带到当地银行，银行即可更改“开户许可证”名称
		将更改后的副本送交开户银行，并据此预留新印鉴
2	企业资金来源或性质发生变化，所有制也随之变更	既要变更账户名称又要变更账号，银行需撤销原账户，重新开立新账户，为其编列账号

b. 并户。并户一般是由企业申请想将相同资金来源和相同资金性质的账户，或两个单位合并后随之合并银行存款账户。并户时要做的工作如表 7-6 所示。

表 7–6 合并账户时应做的工作

序号	应做的工作
1	向开户银行出具有关证明
2	主动与银行核对账目
3	将通过银行撤销的被并户余额划转到保留账号
4	整理被并账户的重要空白凭证，按规定交回或使用

c. 迁户。企业发生移址时要将其银行存款账户进行迁户，迁户的情况分为两种：

第一，属于同城迁户的，只要经原银行同意，撤销原开户银行账户，交回原“开户许可证”正、副本，再领取新的“开户许可证”，在新选择的银行开立账户即可。

第二，属于异地迁户的，则需要企业按规定流程向迁入地银行重新办理开户手续，待新账户开立且单位已在当地开始生产经营后，原账户在一个月内结清并注销。

d. 撤户。如果企业发生关、停、并、转等情况，可以向银行提出撤户申请。根据现行《银行账户管理办法》的规定：“开户银行对一年（按对月对日计算）未发生收付活动的账户，应通知存款人自发出通知之日起 30 日内来行办理销户手续，逾期视同自愿销户。”撤户时需要做以下工作，如表 7-7 所示。

表 7-7　撤销账户时应做的工作

序号	应做的工作
1	与开户银行核对结算账户存款余额，并交回各种重要空白票据、结算凭证和开户登记证，经银行核对无误后，方可办理销户手续
2	若未按规定交回各种重要空白票据及结算凭证的，应出示有关证明，造成损失的，由其自行承担
3	如果企业是合并，在按规定撤销其账户后，将账户余额转入合并企业的同类账户中
4	如果企业与合并的企业性质不同，则原有账户应按规定全部撤销，重新开立银行账户，并办理备案手续

e. 使用。银行存款账户方便办理结算业务。为了确保经济业务的正常运行，企业在使用银行存款账户时必须按照如表 7-8 所列的规定行事。

表 7-8　银行存款账户的使用规定

序号	使用规定
1	严格遵守国家有关银行信贷结算和现金管理的规定。银检时，开户单位应提供账户使用情况的有关资料
2	不得将开立的银行存款账户出租、出借或转让任何单位或个人使用
3	不得利用银行存款账户搞非法活动
4	必须保证企业银行存款账户的资金充足

7.1.3　使用银行结算账户注意事项

使用银行结算账户要严格按照有关规定进行，这是十分关键的，绝对不允许发生以下几种行为，否则要受到相应的处罚。

具体如下：

①不得将单位款项转入个人银行结算账户。

②不得超过规定的现金支取最高额度。

③不得利用开立银行结算账户来逃避银行债务。

④不得将银行结算账户出租或出借。

⑤不得从基本存款账户以外的银行结算账户转账存入。

⑥不得将销货收入存入或现金存入单位信用卡账户。

⑦没有在规定期限内通知银行企业所变更的事项，如法定代表人或主要负责人、存款人地址及其他开户资料。

违反上述①～⑥项的，对非经营性存款人给予警告并处以1000元的罚款；对经营性存款人给予警告并处以5000元以上3万元以下的罚款；违反⑦项的，给予警告并处以1000元的罚款。

7.2 银行存款收付业务管理

7.2.1 银行存款收付业务的处理流程

银行存款收付业务是通过银行办理与有业务往来单位所有款项收付的总称。银行存款收付业务是企业中最重要的业务，包括收入业务和支出业务，也是出纳人员的日常工作之一，需要高度重视，并严格按照章程办事。

（1）银行存款收入业务的处理流程

银行存款收入业务有销售款、现金银行存款、存款利息收入、退款、上级拨款、汇票结算余额退回款、接受捐赠、股东出资等。

对以上所述收入可分情况处理：

①向银行送存的现金（概念在“6.2.2 现金送存”中已介绍），该项业务会导致企业某一项资产增加或减少，其处理流程与现金收入的处理流程一样，只是最后登记的是银行存款日记账。

②通过其他结算方式收取的款项，主要包括货款、贷款，以及除此之外的其他收款。具体处理流程如图7-10～图7-12所示。

货款处理流程如图7-10所示。

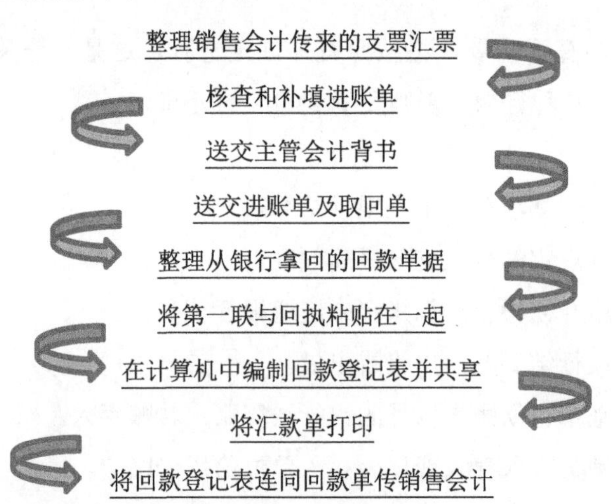

图7-10 货款处理流程

贷款处理流程如图 7-11 所示。

收到银行贷款上账回单

根据回单登记票据传递登记本

传管理费用岗位保管

图 7-11　贷款处理流程

其他项目收款流程如图 7-12 所示。

收到除货款以外的其他收付款

持支票、汇票到开户银行填写进账单

银行受理，根据规定将款项划入账户内，并开具回单

将回单交给出纳人员用于记票据传递登记本

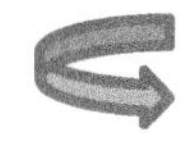

相关岗位人员签字盖章

图 7-12　其他项目收款流程

（2）银行存款支出业务的处理流程

企业银行存款支出业务主要包括提取现金、采购物资支付货款、缴纳税款、代收电话费、代收水电费、归还借款、对外投资等。这些费用的处理流程如表 7-9 所示。

表 7–9　企业银行存款支出业务处理流程

1. 根据付款审批单（计划内费用经相关岗位审核，计划内 10 万元以上或计划外费用经财务部门审核）审核调节表中有无该部门前期未报账款项
2. 根据审核无误的付款单开具支票、汇票
3. 登记支票使用登记本
4. 将支票、汇票存根粘贴到付款审批单上（无存根的注明支票号及银行名称）
5. 加盖“转账”图章，并登记单据传递登记本
6. 将单据传递给相关岗位制证

注：1. 开出的支票应填写完整，禁止签发空白金额、空白收款单位的支票。

2. 开出的支票或汇票收款单位名称应与合同、发票一致。

3. 前期未报账款项的个人及所在部门，一律不办理付款业务。

7.2.2　银行存款收付业务凭证的填写

银行存款收付业务凭证的填写与审核，同现金收付业务凭证的填写、

审核原则、方法大致相同，可参考现金收付业务，下面就以举例来说明。

银行存款收付业务凭证的填写包括银行存款收入业务凭证的填写和银行存款付款业务凭证的填写。

（1）银行存款收入业务凭证的填写

填写内容主要包括：名称、日期、编号、摘要、借方科目、贷方科目、金额、过账符号以及附件登记。

【案例说明】

2018年8月20日，某公司收回A公司所欠货款6000元整，并存入银行。出纳收到银行进账单（收款通知），并需按照要求填写，具体内容如表7-10所示。

表7-10 某公司从银行收到的银行进账单

银行存款 收款通知

总号：银收字第9号

借方科目：银行存款　　2018年8月20日　　分号：

摘要	贷方科目		记账	金额
	一级科目	二级或明细科目		
收回A公司前欠款	应收账款	A公司	√	6 000.00
附件　1张		合计		￥6 000.00

财务主管 王××　记账 张×　出纳 苏××　审核 李××　制单 赵××

（2）银行存款付款业务凭证的填写

银行存款付款业务凭证的填写与收款凭证的填写基本相似，所不同的是，凭证中的银行存款应记在贷方科目。

【案例说明】

某公司2019年8月20日从甲公司购买乙材料300千克，单价100元，价款计30000元，增值税3900元。用银行存款付讫，材料未到，附有增值税发票和支票存根各一张。针对这项业务，出纳需按照要求填写付款凭证，具体内容如表7-11所示。

表 7-11 某公司的付款凭证

银行存款 付款凭证

总号：银付字第 6 号

贷方科目：银行存款 2019 年 8 月 20 日 分号：

摘要	借方科目		记账	金额
	一级科目	二级或明细科目		
从甲公司购入乙材料	材料采购	乙材料	√	30 000
	应交税费	应交增值税	√	3 900
附件 2 张		合计		￥33 900

财务主管 王 ×× 记账 张 × 出纳 苏 ×× 审核 李 ×× 制单 赵 ××

7.2.3 银行存款收付业务出纳实操

【案例说明】

银行存款收款业务出纳实操。

B 企业 2019 年 8 月 20 日发生如下往来业务：销售给 A 企业 1000 件商品，开出增值税专用发票一张，上面注明货款为 60000 元，增值税额 7800 元。当天收到 A 企业通过中国 ×× 银行开出的转账支票 1 张，金额为 40000 元，其余款项暂欠，如图 7-13 所示。

中国 ×× 银行 转账支票 （X） 1123867

出票日期（大写）：贰零壹玖年零捌月贰拾日 付款行名称：某某支行

收款人：B 企业 出票人账号：6222 ……231

本支票支付款期限十天

人民币（大写）	肆万元整

亿	千	百	十	万	千	百	十	元	角	分
			￥	4	0	0	0	0	0	0

用途：部分货款

上述款项请从我

账户内支付

出票人签章 专用财务章 张三 复核 记账

图 7-13 某企业收到的货款转账支票

针对这笔货款，出纳需要做以下处理：

①审核转账支票的出票日期、收款人、金额、用途等填写是否准确、清晰。

②根据相关原始凭证填制增值税专用发票一张。

③填写支票背书，背书模板如图 7-14 所示。

<table>
<tr><td rowspan="2" colspan="2">附加信息</td><td colspan="2">被背书人</td><td rowspan="4">粘贴单处</td></tr>
<tr><td colspan="2">背书人签字
年 月 日</td></tr>
<tr><td rowspan="2"></td><td colspan="2">身份证件名称：</td><td>发生机关：</td></tr>
<tr><td colspan="3">号码：</td></tr>
</table>

图 7-14 支票背书模板

④根据实际业务填写进账单，填写内容如图 7-15 所示。

中国 ×× 银行 业务回单（收款）凭证

入账时间：2019-08-20

付款人户名：A 企业

付款人账号：6222 ……231

付款人开户银行：中国 ×× 银行 ×× 支行

收款人户名：B 企业

收款人账号：6222……137

币种：人民币（本位币） 金额（小写）￥40 000.00

金额（大写）：肆万元整

凭证种类：资金汇划 凭证号码：003246523

业务（产品）种类：汇划收报确认 摘要：本息

交易机构号：0010000324 记账柜员号：00002 交易代码：01362 用途：往来货款

客户附言：本息 用途：部分货款

打印次数：1 次 机打回单注意重复 打印日期：2019-08-20

图 7-15 根据实际业务填写的进账单

⑤登记支票收款登记簿。

⑥将支票连同进账单一起拿去银行办理。

⑦银行受理后将已盖章的进账单第一联和第三联交给出纳。

⑧财务主管审核有关原始凭证无误后，填制记账凭证，如表 7-12 所示。

表 7-12　记账凭证

记账凭证

2019 年 8 月 20 日　　　　记字第__号

摘要	总账科目	明细科目	过账	借方金额										过账	贷方金额									
				千	百	十	万	千	百	十	元	角	分		千	百	十	万	千	百	十	元	角	分
收到某公司支付的部分货款	银行存款		√				4	0	0	0	0	0	0											
	应收账款													√				4	0	0	0	0	0	0
合　计						¥	4	0	0	0	0	0	0				¥	4	0	0	0	0	0	0

附件 × 张

财务主管 王×　　记账 张××　　出纳 苏×　　审核 赵××　　制单 艾×

⑨出纳根据审核无误的记账凭证登记银行存款日记账。

【案例说明】

银行存款支出业务出纳实操。

A 企业 2019 年 8 月 22 日发生了以下业务：从 B 公司采购一批材料，并取得增值税专用发票，上注明价款为 40000 元，增值税为 5200 元，材料已验收入库，办理的是电汇支付价款，手续费 20 元。

针对这笔货款，出纳需要做以下处理：

①将采购人员上报的请购单、材料入库单、购进材料增值税发票等相关材料，粘贴在“报销单据粘贴单”上，并及时上交给财务部门审核。

②审核无误后再交公司主管审批，审批后交给会计编制记账凭证。

③出纳复审原始凭证和记账凭证，并填制电汇单、增值税专用发票登记单。

④前去指定银行办理电汇手续，如表 7-13 所示。

⑤将从银行取回的凭证粘贴在记账凭证上后，编制记账凭证，如表 7-14 所示。

⑥根据原始凭证、记账凭证登记银行存款日记账。

表 7-13　A 企业电汇货款凭证填写内容

中国××银行 **电汇凭证**（回　单）1

□普通　□加急　　　委托日期 2019 年 8 月 22 日

汇款人			收款人		
	全称	A 企业		全称	B 公司
	账号	6222……137		账号	6222……231
	汇出地点	×× 省 ×× 市 / 县		汇入地点	省 ×× 市 / 县
汇出行名称		工商银行 ×× 分行	汇入行名称		×× 银行 ×× 分行

金额	亿	千	百	十	万	千	百	十	元	角	分
人民币（大写）肆万陆仟肆佰贰拾元整				¥	4	6	4	2	0	0	0

汇出行签章	支付密码：
	附加信息及用途：
	复核：　记账：

此联汇出行给汇款人的回单

表 7-14　A 企业记账凭证填写内容

银行存款 凭证

总号：现收字第__号

贷方科目：银行存款　　　2019 年 8 月 22 日　　　分号：

对方单位	摘　要	借方科目		金额										
		总账科目	明细科目	亿	千	百	十	万	千	百	十	元	角	分
	办理电汇支付材料款	原材料						4	0	0	0	0	0	0
		应交税费	应交增值税（进项税额）						6	4	0	0	0	0
		财务费用	手续费								2	0	0	0
结算方式及票号：		合计					¥	4	6	4	2	0	0	0

附件　张

财务主管 刘××　记账 张××　出纳 杨×　审核 施××　制单 陈×

7.3 银行存款结算业务管理

7.3.1 支票结算业务

银行存款的结算方式主要包括支票结算业务、银行本票结算业务、商业汇票结算业务、银行汇票结算业务、信用证业务、委托收款业务、托收承付业务、汇兑结算业务。

支票属于票据的一种，是以银行为付款人的即期汇票。支票一般分为现金支票、转账支票和普通支票三种，它们之间的关系如图 7-16 所示。

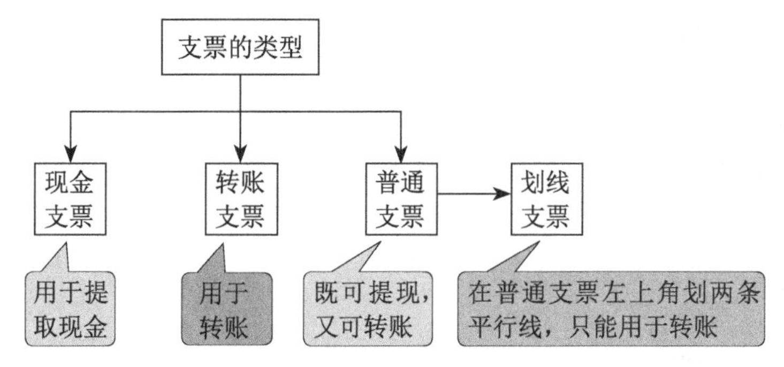

图 7-16 支票的类型

（1）现金支票的结算流程

现金支票是专门制作的用于支取现金的一种支票。由存款人签发用于到银行为本单位提取现金，也可以签发给其他单位和个人用来办理结算或者委托银行代为支付现金。总之，现金支票是用于提取现金的。

现金支票的结算分两种情况：一种是本企业需要提取现金的，由出纳人员签发现金支票，并加盖银行预留印鉴后，到开户银行提取现金；另一种是向外单位支付现金的，由付款单位出纳人员签发现金支票，并加盖银行预留印鉴和注明收款人后交予收款人，由收款人持现金支票到付款单位开户银行提取现金，并按照银行的要求交验有关证件。

（2）转账支票的结算流程

转账支票是用来转账的，出纳人员在签发转账支票时应在支票收款人栏里填好收款人的全称，然后到出票人的开户行填写三联进账单。进账单上需填好收款人和付款人的全称、账号、开户行行号或名称、金额、款项用途等。

转账支票的结算也分两种情况：一种是由签发人交予收款人办理结算；另一种是由签发人交其开户银行办理结算。

①签发人交予收款人办理结算的流程：

a. 由签发人签发转账支票，交给收款人。

b. 收款人持转账支票到银行填写进账单办理入账手续。

c. 收款人开户银行受理，办理相关手续，将款项从签发人银行账户转入收款人账户。

d. 收款人收到开户银行发来的收款通知。

②签发人交其开户银行办理结算的流程：

a. 签发人持转账支票到开户银行填写进账单办理入账。

b. 开户行受理，将款项划入收款人开户银行的账户。

c. 收款人收到开户行发来的收款通知。

（3）支票结算的会计分录

①用现金支票提取现金时。

借：库存现金

　　贷：银行存款

②用转账支票结算发生的业务时。

借：库存商品

　　原材料

　　在建工程

　　管理费用

　　贷：银行存款

③收到转账支票并存入银行。

借：银行存款

　　贷：应收账款等

（4）普通支票

普通支票，是指票面上未印有“现金”或“转账”字样的支票，即可用于转账和支取现金。不过，在普通支票中有一种也可以用于转账，那就是划线支票，即在支票左上角上划两条平行线的支票。注意，划线支票只能用于转账。

7.3.2 银行本票业务

银行本票是银行签发的，承诺自己在见票时无条件支付确定的金额给收款人或持票人的票据。其适用的范围是在同一票据交换区域需要支付的各种款项。

（1）银行本票的分类

我国银行本票主要分为定额银行本票和不定额银行本票，其具体内容如下。

①定额银行本票。

定额银行本票的面额一般分为1000元、5000元、10000元和50000元，由中国人民银行总行统一规定票面规格、颜色和格式并统一印制，一式两联。第一联作为签发银行结算本票时的付出传票；第二联由签发银行留存，在结算本票时作为传票附件。

②不定额银行本票。

不定额银行本票的金额起点为100元，只有一联，由中国人民银行各分行在其所辖范围内作统一规定，包括规格、颜色和格式。

（2）银行本票结算的规定

在用银行本票进行结算时，需要按以下规定：

①银行本票一律记名，且允许背书转让。

②本票的提示付款期限自出票日起最长不得超过2个月。

③本票可以在票据交换区域内背书转让，但已填明“现金”字样的本票不得背书转让。

④本票见票即付，不挂失。

（3）银行本票的结算流程

用银行本票结算的流程如下：

第一步：申请人向银行交存款项，填写“银行本票申请书”，申请签发银行本票。

填写“银行本票申请书”时，要详细填明收款人名称、金额、日期等内容，并加盖银行印鉴。如果是个体经商户和个人需要支取现金，还应填明“现金”字样，然后送开户银行。

第二步：银行向申请人签发银行本票。

银行受理后，要认真审查申请书填写的内容是否正确。审查无误后，收妥款项，签发银行本票。如需支付现金要在银行本票上划去“转账”字样，并加盖印章；不定额银行本票需要用压数机压印金额，然后将银行本票交给申请人。

第三步：申请人（付款人）持票在同城范围内办理结算。

第四步：收款人持本票、进账单到开户银行办理收款。

收款人根据审核后的银行本票填写一式两联的进账单，连同收到的银行本票交本单位开户银行，办理收款入账手续。

第五步：收款人开户银行收妥入账，并退回进账单回单给收款人。

第六步：银行间传递凭证，划转款项。

（4）银行本票转让、背书的规定

正常情况下银行本票既能转让又能背书，我国银行的本票全部为可转让，但有一定要求，具体如下：

①转让、背书银行本票时，应在本票背面的“背书”栏内加盖本单位的预留印章，并注明背书日期，同时在“被背书人”栏内填写受票单位名称。

②被转让、背书单位对收受的银行本票应认真进行审查，注意其内容是否与收款单位内容一致。

③转让、背书的银行本票一定要连续。

当然，不是所有的银行本票都可以转让的，如填有现金字样的本票，再如在本票正面注有“不准转让”字样的。

（5）银行本票的会计分录

①付款单位收到银行本票或银行退回“银行本票申请书”存根联。

借：其他货币资金——银行本票

　　贷：银行存款

②支付办理银行本票的手续费。

借：财务费用——手续费

　　贷：银行存款

③收到付款人交来的票据。

借：银行存款

　　贷：主营业务收入

　　　　应交税费——应交增值税（销项税额）

④如果将银行本票背书转让支付欠款。

借：其他货币资金——银行本票

　　贷：主营业务收入

　　　　应交税费——应交增值税（销项税额）

⑤用收到的银行本票购买物资。

借：材料采购

　　贷：其他货币资金——银行本票

　　　　应交税费——应交增值税（进项税额）

⑥用收受的银行本票偿还债务。

借：应付账款

　　贷：其他货币资金——银行本票

7.3.3 商业汇票业务

商业汇票是出票人签发的，委托付款人在指定日期无条件支付一定的金额给收款人或者持票人的票据。商业汇票的提示付款期限自汇票到期日起10

日内，期限最长为6个月，允许背书转让，但付款人到期必须无条件支付。

（1）商业汇票的分类

商业汇票按照承兑人的不同将其分为商业承兑汇票和银行承兑汇票两种。

①商业承兑汇票。

商业承兑汇票由银行以外的付款人承兑（付款人为承兑人）。该汇票适用于同城和异地，是由收款人签发，交付款人承兑的。其通用样式如表7-15、表7-16所示。

表7-15　商业承兑汇票正面

商业承兑汇票　　2　　汇票号码

出票日期（大写）　年　月　日　　第　号

<table>
<tr><td rowspan="3">收款人</td><td>全称</td><td colspan="3"></td><td rowspan="3">付款人</td><td>全称</td><td colspan="3"></td></tr>
<tr><td>账号</td><td colspan="3"></td><td>账号</td><td colspan="3"></td></tr>
<tr><td>开户行</td><td></td><td>行号</td><td></td><td>开户行</td><td></td><td>行号</td><td></td></tr>
<tr><td colspan="2">出票金额</td><td colspan="4">人民币（大写）</td><td colspan="4">千 百 十 万 千 百 十 元 角 分</td></tr>
<tr><td colspan="2">汇票到期日</td><td colspan="3">年　月　日</td><td colspan="2">交易合同号码</td><td colspan="3"></td></tr>
<tr><td colspan="5">本汇票已经本单位承兑，到期日无条件支付票款，此致。
收款人
付款人签章
负责　经办　年　月　日</td><td colspan="5">汇票签发人签章
负责　经办</td></tr>
</table>

表7-16　商业承兑汇票背面

注 意 事 项

一、付款人于汇票到期日前须将票款足额交存开户银行，如账户存款余额不足时，银行比照空头支票处以罚款。

二、本汇票经背书可以转让。

被背书人	被背书人	被背书人
背书 日期　年　月　日	背书 日期　年　月　日	背书 日期　年　月　日

商业承兑汇票的承兑期限由交易双方确定，最长不超过6个月，但电

子商业汇票的最长付款期限则为 1 年。如属分期付款，则应一次签发若干不同期限的汇票，也可按供货进度分次签发汇票。

使用商业承兑汇票的结算流程如下：

a. 商业承兑汇票承兑时，购货企业应在汇票正面记载“承兑”字样、承兑日期并签章。

b. 汇票到期时，购货企业的开户银行凭票将票款划给销货企业或贴现银行。

c. 如果购货企业的存款不足支付票款，开户银行应将汇票退还销货企业，银行不负责付款，由购销双方自行处理。

②银行承兑汇票。

该汇票是由收款人或承兑申请人签发，并由承兑申请人向开户银行申请，经银行审查同意承兑的汇票。其通用样式如表 7-17、表 7-18 所示。

表 7–17　银行承兑汇票正面

付款期限
壹 个 月

××银行
银 行 汇 票　　2　地名　汇票号码：第 号

<table>
<tr><td colspan="2">出票日期　年　月　日
（大写）</td><td colspan="10">兑付行：　　　行号：</td></tr>
<tr><td colspan="12">收款人：　　　　账号：</td></tr>
<tr><td>出 票 金 额</td><td colspan="11">人民币
（大写）　　（压数机压印出票金额）</td></tr>
<tr><td rowspan="2">实际结算余额</td><td rowspan="2">人民币
（大写）</td><td>千</td><td>百</td><td>十</td><td>万</td><td>千</td><td>百</td><td>十</td><td>元</td><td>角</td><td>分</td></tr>
<tr><td></td><td></td><td></td><td></td><td></td><td></td><td></td><td></td><td></td><td></td></tr>
</table>

申请人：________　账号或住址：________________

<table>
<tr><td rowspan="4">出票行：____行号：___
备注：________

凭票付款
出票行签章：</td><td colspan="10"></td><td rowspan="4">科目（借）：______
对方科目（贷）：__
兑付日期　年　月　日

复核：　　记账：</td></tr>
<tr><td colspan="10">多 余 金 额</td></tr>
<tr><td>千</td><td>百</td><td>十</td><td>万</td><td>千</td><td>百</td><td>十</td><td>元</td><td>角</td><td>分</td></tr>
<tr><td></td><td></td><td></td><td></td><td></td><td></td><td></td><td></td><td></td><td></td></tr>
</table>

表7-18　银行承兑汇票背面

注 意 事 项

一、银行汇票和汇款解讫通知须同时提交兑付行，两者缺一无效。
二、收款人直接进账的，应在收款人盖章处加盖预留银行印章。收款人为个人的，应交验身份证件。
三、收款人如系个人，可以经背书转让给在银行开户的单位和个人，在背书人栏签章并填明被背书人名称；被背书人签章后持往开户行办理结算。

收款人盖章	被背书人	被背书人
年　月　日 身份证件名称、号码及发证机关。	背书 日期　　年　月　日	

银行承兑汇票的结算流程：

a. 承兑申请单位持购销合同，填写银行承兑委托书，向开户行申请签发银行承兑汇票，开户行根据有关规定与承兑申请单位签订承兑协议，同意承兑。

b. 收款单位根据付款单位交来的银行承兑汇票发运商品。

c. 汇票到期日，收款单位将银行承兑汇票连同填制的委托收款凭证，委托开户银行收款，付款单位应备款支付。

d. 银行间划拨款项。

使用银行承兑汇票，出票人必须具备以下条件。

条件一：在承兑银行开立存款账户的法人及其他组织。

条件二：与承兑银行具有真实的委托付款关系。

条件三：资信状况良好，具有支付汇票金额的可靠资金来源。

条件四：提供一部分保证金，对不足部分提供符合条件的第三人担保或财产抵押。

（2）商业汇票的贴现

持票人将未到期的商业汇票转让给银行或非银行金融机构，并按票面金额扣除贴现利息后，将余额付给持票人的票据融资行为就是商业汇票的贴现。

商业汇票贴现期限自贴现之日起至汇票到期日止，最长期限不得超过6个月，主要用于贴现申请人的短期资金周转。商业汇票的贴现应具备以下条件。

条件一：申请商业汇票贴现的申请人必须在贴现银行有存款账户。

条件二：保证申请人与出票人之间有真实的商品、劳务交易关系。

条件三：保证商业汇票的真实性、合法性，且没有注明“不得转让”“质押”等字样。

条件四：符合贴现银行信贷管理规定的准入条件。

条件五：对不符合准入条件的要有足够、合法的担保资产。

商业汇票贴现的流程如图 7-17 所示。

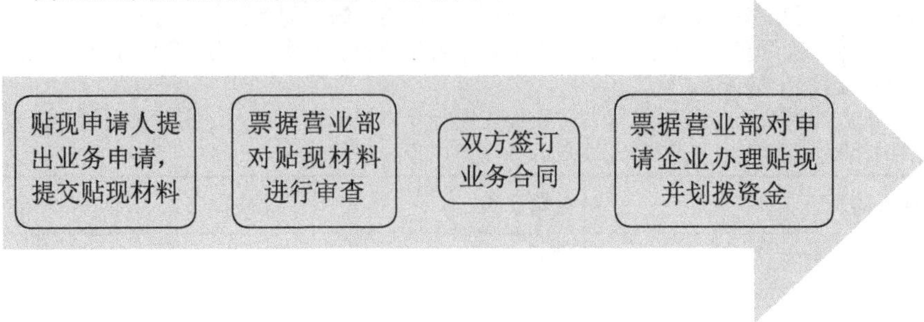

贴现申请人提出业务申请，提交贴现材料 → 票据营业部对贴现材料进行审查 → 双方签订业务合同 → 票据营业部对申请企业办理贴现并划拨资金

图 7-17　商业汇票贴现流程

商业汇票进行贴现时要支付贴现息，其金额按票面金额扣除贴现日至汇票到期前 1 日的利息计算。如果承兑人在异地的，贴现的期限以及贴现利息的计算应另加 3 天的划款日期。商业汇票的贴现息分为带息贴现和不带息贴现两种，都可以通过计算公式计算出来，如图 7-18 所示。

贴现息计算公式

带息贴现：

到期值＝票面金额 × 期限 × 票面利息 /360+ 票面金额

贴现利息＝到期值 × 贴现天数 × 日贴现率　日贴现率＝月贴现率 /30

贴现金额＝到期值－贴现利息

不带息贴现：

贴现利息＝票面金额 × 贴现天数 × 日贴现率　日贴现率＝月贴现率 /30

贴现金额＝票面金额－贴现利息

图 7-18　商业汇票的贴现息计算公式

（3）商业汇票的会计分录

带息：

①取得商业汇票。

借：应收票据

　　贷：主营业务收入

　　　　应交税费——应交增值税（销项税额）

②将票据贴现。

借：银行存款

　　财务费用

　　贷：短期借款（不符合金融资产终止确认条件的）

③到期承兑人付款。

借：短期借款

　　贷：应收票据

④承兑人无力付款，贴现企业银行存款充足。

借：短期借款

　　贷：银行存款

借：应收账款

　　贷：应收票据

⑤承兑人无力付款，贴现企业银行存款不足。

借：应收账款

　　贷：应收票据

不带息：

①取得商业汇票。

借：应收票据

　　贷：主营业务收入

　　　　应交税费——应交增值税（销项税额）

②将票据贴现。

借：银行存款

　　财务费用

　　贷：应收票据

7.3.4　银行汇票业务

银行汇票是由出票银行签发的，是银行在见票时按照实际结算金额，无条件支付给收款人或者持票人的票据，付款日期为 1 个月。

（1）银行汇票结算方式的特点

与其他银行结算方式相比，银行汇票结算方式具有如下 5 个特点：

①银行汇票的结算可以同城也可以异地，可以用来转账也可以用来支付现金。

②银行汇票实行的是一手交票，一手交货，银行检票即付。

③银行汇票是由银行支付的票据，并且可以挂失。

④银行汇票可以背书转让，也可以通过银行办理分次支取或转让，还可以使用信汇、电汇或重新办理汇票转汇款项。

⑤银行汇票在汇款金额之内的，可根据实际采购金额办理支付，多余款项将由银行自动退回。银行汇票的样式如表 7-19 所示。

表 7-19 银行汇票的样式

付款期限 一个月　　中国××银行　　2

银行汇票　　汇票号码：

出票日期 ××年××月××日（大写）　　代理付款行：工行　行号：2345

<table>
<tr><td>收款人</td><td></td><td>账户</td><td colspan="8"></td></tr>
<tr><td colspan="11">出票金额 人民币（大写）</td></tr>
<tr><td colspan="2" rowspan="2">实际结算金额 人民币（大写）</td><td>百</td><td>十</td><td>万</td><td>千</td><td>百</td><td>十</td><td>元</td><td>角</td><td>分</td></tr>
<tr><td></td><td></td><td></td><td></td><td></td><td></td><td></td><td></td><td></td></tr>
<tr><td colspan="11">申请人：　　账号：
出票行：
备注：</td></tr>
<tr><td colspan="2" rowspan="4">出票行签章
年 月 日</td><td colspan="7">密码：</td><td colspan="2" rowspan="4">左列退回多余金额已收入你账户内</td></tr>
<tr><td colspan="7">多余金额</td></tr>
<tr><td>万</td><td>千</td><td>百</td><td>十</td><td>元</td><td>角</td><td>分</td></tr>
<tr><td></td><td></td><td></td><td></td><td></td><td></td><td></td></tr>
</table>

（2）银行汇票的结算流程

银行汇票结算要经过承汇、结算、兑付和结清余额等 7 个步骤，具体内容如下：

①汇款人委托银行办理汇票。

②银行签发汇票。

③汇款人使用汇票结算。

④持汇票进账或取款。

⑤通知汇票已解付。

⑥结算划拨。

⑦结算汇票退还余额。

（3）银行汇票的申请

申请人需要使用银行汇票的，应向银行填写一式三联的“银行汇票申请书”，其通用样式如表 7-20 所列。

表 7-20　银行汇票申请书

××银行汇票申请书（借方凭证）　**2**

申请日期　年　月　日　　　　　　第　号

<table>
<tr><td>申请人</td><td colspan="2"></td><td>收款人</td><td colspan="10"></td></tr>
<tr><td>账　号
或住址</td><td colspan="2"></td><td>账　号
或住址</td><td colspan="10"></td></tr>
<tr><td>用　途</td><td colspan="2"></td><td>代　理
付款行</td><td colspan="10"></td></tr>
<tr><td rowspan="2">出票金额</td><td rowspan="2">人民币
（大写）</td><td colspan="2" rowspan="2"></td><td>千</td><td>百</td><td>十</td><td>万</td><td>千</td><td>百</td><td>十</td><td>元</td><td>角</td><td>分</td></tr>
<tr><td></td><td></td><td></td><td></td><td></td><td></td><td></td><td></td><td></td><td></td></tr>
<tr><td colspan="3">上列款项请从我账户内支付
申请人盖章</td><td colspan="11">科目（借）____________________
对方科目（贷）________________
转账日期　年　月　日
复核　　记账</td></tr>
</table>

第一联是存根，由申请人留存，第二、第三联是银行内部使用的凭证。申请人在填写时，要用双面复写纸套写（其他多联结算凭证填写要求与此相同），按银行汇票申请书所列项目逐项填明收款人名称、汇票金额、申请人名称、申请日期等事项，并在第二联“申请人盖章”处签章，签章为其预留在银行的签章。

（4）银行汇票的签发

出票银行对银行汇款申请书的内容和印鉴验证无误，并收妥款项后签发银行汇票，用压数机压印出汇票金额。银行汇票的主要内容包括：

①收款人姓名或单位。

②汇款人姓名或单位。

③签发日期（发票日）。

④汇款金额、实际结算金额、多余金额。

⑤汇款用途；兑付地、兑付行、行号。

⑥付款日期。

（5）银行汇票的退款

如果银行汇票超过了付款期限或没有使用该汇票款项的，可以向签发银行申请退款，一般分为以下 3 种情况，如图 7-19 所示。

情况一：要求签发银行退款的回款企业在银行开立账户

备函向签发银行说明原因，并将未用的“银行汇票联”和“解讫通知联”交回汇票签发银行；银行将“银行汇票联”“解讫通知联”和银行留存的银行汇票“卡片联”核对无误后办理退款手续，将汇款金额划入汇款单位账户。

情况二：要求签发银行退款的汇款企业没有在银行开立账户

将未用的“银行汇票联”和“解讫通知联”交回汇票签发银行；向银行交验申请退款单位的有关证件，经银行审核后办理退款。

情况三：签发银行申请退款的原因是汇款单位缺少“解讫通知联”

将“银行汇票联”退给汇票签发银行，并备函说明短缺的原因；经签发银行审查同意后于银行汇票提示付款期满一个月后办理退款手续。

图 7-19 银行汇票退款的 3 种情况

（6）银行汇票的会计分录

①将款项交存银行，取得银行汇票。

借：其他货币资金——银行汇票存款

　　贷：银行存款

②企业持银行汇票购物，收到有关发票账单时。

借：原材料 / 库存商品

　　贷：其他货币资金——银行汇票存款

　　　　应交税费——应交增值税（进项税额）

③有多余款或因汇票超过付款期等原因而退回款项。

借：银行存款

　　贷：其他货币资金——银行汇票存款

④销货企业收到银行汇票、填制进账单到开户银行办理款项入账手续时。

借：银行存款

　　贷：主营业务收入

　　　　应交税费——应交增值税（销项税额）

7.3.5 委托收款结算

委托收款是收款人委托银行向付款人收取款项的结算方式，同城、异地均可使用。优势在于使用范围广，不受金额起点的限制，凡是收款单位发生的各种应收款项，无论金额大小都能办理。值得注意的是，银行不负责审查付款单位的拒付理由。

（1）委托收款的两种类型

委托收款的方式可分为邮寄和电报划回，格式分别如表 7-21、表 7-22 所示。

表 7-21　邮寄委托收款凭证模板

委托收款凭证（收账通知）　4

邮寄

委托日期　　年　　月　　日　　　　委托号码：

付款期限　　年　月　日

<table>
<tr><td rowspan="3">付款人</td><td>全　称</td><td></td><td rowspan="3">收款人</td><td>全　称</td><td colspan="10"></td></tr>
<tr><td>账　号
或地址</td><td></td><td>账　号
或地址</td><td colspan="10"></td></tr>
<tr><td>开　户
银　行</td><td></td><td>开　户
银　行</td><td colspan="4"></td><td>行
号</td><td colspan="5"></td></tr>
<tr><td colspan="2" rowspan="2">委收金额</td><td colspan="3" rowspan="2">人民币
（大写）</td><td>千</td><td>百</td><td>十</td><td>万</td><td>千</td><td>百</td><td>十</td><td>元</td><td>角</td><td>分</td></tr>
<tr><td></td><td></td><td></td><td></td><td></td><td></td><td></td><td></td><td></td><td></td></tr>
<tr><td colspan="2">款项内容</td><td></td><td colspan="2">委托收款
凭证名称</td><td></td><td colspan="3">附寄单证
张数</td><td colspan="6"></td></tr>
<tr><td colspan="5">备注：</td><td colspan="10">上列款项：
1. 已全部划回收入你方账户。
2. 全部款收到。
收款人开户行盖章
年　月　日</td></tr>
</table>

单位主管　　会计　　复核　　记账　　付款人开户银行收到日期　　年　月　日

表 7-22　电报划回委托收款凭证模板

委托收款凭证（发电依据）　4

电划　　委托日期　　年　　月　　日　　　　委托号码

付款期限　　年　月　日

<table>
<tr><td rowspan="3">付款人</td><td>全　称</td><td></td><td rowspan="3">收款人</td><td>全　称</td><td colspan="10"></td></tr>
<tr><td>账　号
或地址</td><td></td><td>账　号
或地址</td><td colspan="10"></td></tr>
<tr><td>开　户
银　行</td><td></td><td>开　户
银　行</td><td colspan="4"></td><td>行
号</td><td colspan="5"></td></tr>
<tr><td colspan="2" rowspan="2">委收金额</td><td colspan="3" rowspan="2">人民币
（大写）</td><td>千</td><td>百</td><td>十</td><td>万</td><td>千</td><td>百</td><td>十</td><td>元</td><td>角</td><td>分</td></tr>
<tr><td></td><td></td><td></td><td></td><td></td><td></td><td></td><td></td><td></td><td></td></tr>
<tr><td colspan="2">款项内容</td><td></td><td colspan="2">委托收款
凭证名称</td><td></td><td colspan="3">附寄单
证张数</td><td colspan="6"></td></tr>
<tr><td colspan="15">备
注
复核　　　　记账</td></tr>
</table>

不过，无论哪种形式的委托收款结算方式，有些事项都需要注意：

①在付款期满前提前付款的，应于通知银行付款之日当天编制付款凭证。

②拒绝付款，属于全部拒付的，不作账务处理。

③属于部分拒付的，企业应在付款期内出具部分拒付理由书并退回有关单位，根据银行盖章退回的拒付理由书第一联编制部分付款的凭证。

（2）委托收款结算的流程

委托收款结算流程因双方交易和三方交易而有所不同，如果是双方交易流程一般如下：

a. 付出商品或提供劳务。

b. 收款人委托银行收款。

c. 收款人接受委托回单。

d. 收款人开户银行将“委托收款凭证”传递给付款人开户银行，通知付款。

e. 付款人开户行通知付款人付款。

f. 银行间划拨款项。

g. 收款人开户行通知收款人款项已收到。

如果是三方交易，其流程如下：

a. 销货单位向批发单位发货。

b. 销货单位填写两套委托收款凭证委托银行收款，一份以批发单位向付款人收款；另一份以本单位名义向批发单位收款。

c. 销货单位向购货（批发）单位开户，银行传递委托收款凭证。

d. 购货（批发）单位开户银行通知，购货（批发）单位付款。

e. 购货单位开户银行通知购货单位付款，批发单位开户银行通知批发单位付款。

f. 银行间划拨款项。

g. 银行发出收款通知。

（3）委托收款结算的会计分录

①如果所购货物已经收到但无支付货款。

借：材料采购

　　贷：应付账款——×× 公司

②如果付款单位银行账户内存款不足但已支付部分款项。

借：材料采购

　　贷：银行存款

同时，按未付款金额编制转账凭证。

借：材料采购

　　贷：应付账款——×× 公司

7.3.6 托收承付业务

托收承付结算亦称异地托收承付，是指根据购销合同由收款人发货后委托银行向异地付款人收取款项，由付款人向银行承认付款的结算方式。该结算方式专用于异地结算，结算每笔金额至少为 10000 元（特殊行业除外）。

（1）托收承付的两种类型

这种结算方式也有两种，分别为邮寄和电报。通用样式分别如表 7-23、表 7-24 所示。

表 7-23　邮寄托收承付凭证模板

托收承付凭证（收款通知）　**4**　托收号码　　第　号

邮寄

委托日期　　年　　月　　日

承　付　日　期
到期 20　年　月　日

<table>
<tr><td rowspan="3">收
款
人</td><td>全　称</td><td></td><td rowspan="3">付
款
人</td><td>全　称</td><td colspan="10"></td></tr>
<tr><td>账　号
或地址</td><td></td><td>账　号
或地址</td><td colspan="10"></td></tr>
<tr><td>开　户
银　行</td><td></td><td>开　户
银　行</td><td colspan="4"></td><td colspan="3">行号</td><td colspan="3"></td></tr>
<tr><td colspan="2" rowspan="2">托收金额</td><td colspan="3" rowspan="2">人民币
（大写）</td><td>千</td><td>百</td><td>十</td><td>万</td><td>千</td><td>百</td><td>十</td><td>元</td><td>角</td><td>分</td></tr>
<tr><td></td><td></td><td></td><td></td><td></td><td></td><td></td><td></td><td></td><td></td></tr>
<tr><td colspan="3">付　　　件</td><td colspan="2">商品发运情况</td><td colspan="10">合　同　名　称　号　码</td></tr>
<tr><td colspan="2">付件单证张数
或册数</td><td></td><td colspan="2"></td><td colspan="10"></td></tr>
<tr><td colspan="3">备注：邮寄</td><td colspan="2">本托收款项已由开户行全额划回并收入你账户内

收款人开户银行盖章　月　日</td><td colspan="10">科目________________
对方科目____________
转账　　年　　月　　日
单位主管　　会计
复核　　　记账</td></tr>
</table>

表 7-24　电报托收承付凭证模板

电报　　**托收承付**凭证（发据依据）　　4　托收号码　　第　号

委托日期　年　月　日

承付期限
到期　年　月　日

<table>
<tr><td rowspan="3">收款人</td><td>全称</td><td></td><td rowspan="3">付款人</td><td>全称</td><td colspan="3"></td></tr>
<tr><td>账号或地址</td><td></td><td>账号或地址</td><td colspan="3"></td></tr>
<tr><td>开户银行</td><td></td><td>开户银行</td><td></td><td>行号</td><td></td></tr>
<tr><td colspan="2">托收金额</td><td colspan="3">人民币（大写）</td><td colspan="3">千 百 十 万 千 百 十 元 角 分</td></tr>
<tr><td colspan="3">付件</td><td colspan="2">商品发运情况</td><td colspan="3">合同名称号码</td></tr>
<tr><td colspan="2">付件单证张数或册数</td><td></td><td colspan="2"></td><td colspan="3"></td></tr>
<tr><td colspan="4">备注：</td><td colspan="4"></td></tr>
</table>

不过，并不是所有企业都适合采用托收承付结算，因为采用这种方式还需具备一定的条件：如结算款项必须是商品交易或是因商品交易而产生的劳务供应的款项；必须签有购销合同，且合同中明确标明使用这种方式。

条件的具体内容如下：

条件一：结算款项必须是商品交易或是因商品交易而产生的劳务供应的款项；代销、寄销、赊销商品的款项，不得办理托收承付结算。

条件二：收付双方使用托收承付结算必须签有符合《合同法》的购销合同，并在合同上注明使用异地托收承付结算方式。

条件三：收付双方办理托收承付结算时，必须重合同、守信用。

条件四：收款人办理托收，必须有商品确已发运的证件。

（2）托收承付结算的流程

办理托收承付结算的流程如下：

a. 收款人发出商品。

b. 收款委托银行收款。

c. 收款人开户行将托收凭证传递给付款人开户行。

d. 付款人开户行通过付款人承付。

e. 付款人承认付款。

f. 银行间划拨款项。

g. 通知收款人货款收妥入账。

（3）托收承付结算时的会计分录

①收款单位收到银行退回的托收承付结算凭证。

借：应收账款——×× 公司

　　贷：主营业务收入

　　　　应交税费——应交增值税（销项税额）

②付款单位承付托收款。

借：在途物资

　　材料采购等

　　贷：银行存款

　　　　应交税费——应交增值税（进项税额）

③付款单位逾期付款。

银行扣付赔偿金时：

借：营业外支出

　　贷：银行存款

④部分付款和无款支付。

借：在途物资等

　　贷：银行存款

⑤付款期满，付款单位银行账户无款支付时。

借：在途物资等

　　贷：应付账款——×× 公司

⑥拒付。

如果付款单位实行部分拒付。

借：在途物资等

　　贷：银行存款

⑦经过协商付款方退回所购货物。

借：主营业务收入

　　贷：应收账款——×× 公司

⑧对于已归回货物发运时和退回时所承担的运杂费。

借：销售费用

　　贷：应收账款（发货时代垫）

　　　　银行存款（退货时应付）

7.3.7 汇兑结算

汇兑是指汇款人委托银行将其款项支付给收款人的结算方式。单位和个人同城或异地的各种款项的结算，均可使用汇兑结算方式。

（1）汇兑的分类

汇兑按款项划转方式分为信汇和电汇两种。

①信汇。

信汇是指汇款人委托银行通过邮寄方式将款项划给收款人，其费用较低，但速度相对较慢，通用样式如表 7-25 所示。

表 7-25 信汇模板

××银行 信汇凭证 4　　第　号

委托日期　年　月　日　　应解汇款编号

<table>
<tr><td rowspan="3">汇款人</td><td>全称</td><td></td><td rowspan="3">收款人</td><td>全称</td><td colspan="3"></td></tr>
<tr><td>账号或地址</td><td></td><td>账号或地址</td><td colspan="3"></td></tr>
<tr><td>汇出地点</td><td></td><td>汇入地点</td><td></td><td>汇入行名称</td><td></td></tr>
<tr><td colspan="2">金额</td><td colspan="3">人民币（大写）</td><td colspan="3">千 百 十 万 千 百 十 元 角 分</td></tr>
<tr><td colspan="5">汇款用途</td><td colspan="3">留行待取预留收款人印鉴</td></tr>
<tr><td colspan="3">款项已收入收款人账户
汇入行盖章
年 月 日</td><td colspan="2">款项已收妥
收款人盖章
年 月 日</td><td colspan="3">科目（借）________
对方科目（贷）________
汇入行解汇日期 年 月 日
复核 出纳
记账</td></tr>
</table>

②电汇。

电汇是指汇款人委托银行通过电报将款项划转给收款人，其速度快，但费用较高，通用样式如表 7-26 所示。

表 7–26 电汇模板

××银行 **电汇凭证**（发电依据） **3** 第 号

委托日期 年 月 日

<table>
<tr><td rowspan="3">汇款人</td><td>全 称</td><td></td><td rowspan="3">收款人</td><td>全 称</td><td colspan="3"></td></tr>
<tr><td>账 号
或地址</td><td></td><td>账 号
或地址</td><td colspan="3"></td></tr>
<tr><td>汇 出
地 点</td><td></td><td>汇 入
地 点</td><td></td><td>汇入行
名 称</td><td></td></tr>
</table>

<table>
<tr><td rowspan="2">金 额</td><td rowspan="2">人民币
（大写）</td><td>千</td><td>百</td><td>十</td><td>万</td><td>千</td><td>百</td><td>十</td><td>元</td><td>角</td><td>分</td></tr>
<tr><td></td><td></td><td></td><td></td><td></td><td></td><td></td><td></td><td></td><td></td></tr>
<tr><td colspan="12">汇款用途</td></tr>
</table>

复核 记账

（2）汇兑结算的特点

特点一：普通汇款一般 24 小时到账；加急汇款的汇划速度快，自客户提交电汇凭证起 2 小时内到达收款人账户。

特点二：收款人既可以是在汇入行开立账户的单位，也可以是“留行待取”的个人。

特点三：汇款人对银行已经汇出的款项，可以申请退回。

特点四：对在汇入银行开立存款账户的收款人，由汇款人与收款人自行联系退汇。

特点五：对未在汇入银行开立存款账户的收款人，由汇出银行通知汇入银行，经核实汇款确未支付，并将款项收回后，可办理退汇。

特点六：个人汇款解讫后，可通过开立的“应解汇款及临时存款”账户，办理转账支付和以原收款人为收款人的转汇业务。

（3）汇兑结算的流程

汇兑结算的流程相对简单，只需两步即可：第一，付款企业应在向汇出银行办理汇款手续后，根据汇款回单编制付款凭证入账。第二，收款企业应在收到汇入银行的收账通知时编制收款凭证入账。

（4）汇兑结算的会计分录

①如果汇款单位用汇款清理旧账。

借：应付账款——×× 单位

　　贷：银行存款

②如果对方汇款是用来偿付旧账。

借：银行存款

　　贷：应收账款

③如果属于对方单位为购买本单位产品而预付的货款。

借：银行存款

　　贷：预收账款

④待实际发货时。

借：预收账款

　　贷：主营业务收入

⑤如果款到即发货。

借：银行存款

　　贷：主营业务收入

7.4 外汇管理

7.4.1 外汇账户的开立

在出纳日常工作中，涉及外汇方面的业务比较少，但在外贸型企业中就会经常遇到。出纳人员的重要职责是帮助企业开立账户。因此，对于出纳人员来讲，只要了解外汇账户的开立条件、所需的资料等就够了。

外汇账户根据不同的划分标准可分为三种，一是经常项目外汇账户，按外汇账户性质；二是资本项目外汇账户，按外汇资金来源；三是境外开立账户的开立条件。三种账户所开立的条件不同、使用的申报材料不同，下面就重点介绍一下。

（1）经常项目外汇账户的开立条件

经常项目外汇账户主要用于经常项目外汇的收入与支出，也可用于经外汇管理部门批准的资本项目的支出，经常项目主要包括贸易收支、劳务收支和单方面转移等。

申请开立经常项目外汇账户的企业（金融机构除外）要符合以下外汇管理局规定的条件之一，才可向所在地国家外汇管理局及其分支局申请。

条件 1：付款企业应在向汇出银行办理汇款手续后，根据汇款回单编制付款凭证入账。

条件 2：企业具有特殊来源和指定用途的外汇收入。

开立经常项目外汇账户在满足以上条件的同时，还需要提供如表 7-27 所列的资料。

表 7–27 开立经常项目外汇账户所需资料

1. 开立经常项目外汇账户申请书
2. 营业执照（三证合一）或社团登记证等有效证明的原件和复印件
3. 有权管理部门颁发的涉外业务经营许可证明原件和复印件，或者《外商投资企业外汇登记证》，或者有关经常项目外汇收入的证明材料
4. 外汇局要求的其他材料

（2）资本项目外汇账户的开立条件

资本项目外汇账户是指境内机构、境外机构、外商在境内的投资企业用于资本项目外汇收支的账户。尽管对境内外的机构都开放，但对开立者的资质审查非常严格，只有真正在境外有资本投资的企业才可申请。

通常情况下只有具有以下资本业务时才可开立此类账户，具体要求如下。

①境内机构：借用的外债、外债转贷款和境内中资金融机构的外汇贷款；
用于偿付境内外外汇债务本金的外汇；
境内机构发行股票收入的外汇；
资产存量变现取得的外汇；
经外汇局批准的其他资本项目。

②境外机构：为筹建外商投资企业汇入的外汇；
在境内买卖 B 股的外汇；
经外汇局批准的其他资本项目。

③外商投资企业：中外投资方以外汇投入的资本金。

上述外汇所属企业在开立资本项目外汇账户时仍需要提供很多相关材料，具体如表 7-28 所列。

表 7–28 资本项目外汇账户所需材料

1. 填写资本项目外汇账户申请书
2. 境内机构开立贷款专户和还贷专户，持借款合同正本、外债登记凭证或者《外汇（转）贷款登记证》
3. 境内机构申请开立股票专户，持证券监督管理部门批准的招股说明书等资料
4. 外商投资企业申请开立资本金账户，应持《外商投资企业外汇登记证》
5. 境外法人或者自然人申请开立临时专户，持汇款凭证和签订的投资意向书
6. 境内机构按照规定对资产存量变现取得的外汇开立账户，持有权批准机构的批准转让文件、转让协议、资金使用计划等文件

（3）境外开立账户的开立条件

另外，对于那些经常做或涉及国际业务的企业，需要在境外开立境外账户，开立境外账户企业要向所在地国家外汇管理局提出书面申请。

外汇管理部门批准后，企业要在1个月内在境外开户，并向外汇管理部门提交已开户的书面证明。境外账户开立以后要注意，开立的境外账户使用期满30天内，必须向外汇管理部门提供注销境外账户证明，将余额调回国内，并提供开户行清户账单；如果企业开具的境外账户需延期使用的，须在到期前30天内，向外汇管理部门提出书面申请。

企业在申请开立境外账户，在提出申请的同时还要提交以下资料：

①由企业法定代表人或董事会授权人签署并加盖企业印章的开立账户申请书。

②提交由中国注册的会计师事务所出具的企业已按规定缴足资本的验资证明。

③提交企业对境外账户使用所制定的管理办法。

④如果企业在境外设有代表机构或常驻人员，还要提交有关部门批准设立的文件。

企业需要定期向外汇管理部门汇报资金使用情况。通常在每季度终了后15天内提供开户银行对账单复印件及资金使用情况书面说明。

7.4.2 外汇账户的变更

企业开立了外汇账户后，由于某些原因需要变更资本项目外汇账户信息的，可以向当地外汇局申请，但要持有相关证件资料，待外汇局批准后，可以持批准文件到开户银行办理变更手续。所需资料如下：

①书面申请，上面要写明资本金变更事项的原因。

②外汇登记证原件。

③原《资本项目外汇业务核准件》。

④经贸易工业局批准变更后的补充章程、合同的原件及复印件。

⑤如果涉及企业减资，还需提供开户银行开具的资本金账户贷方累计发生额对账单。

⑥如果涉及外债转增资本，需要提供外汇局开具的外债注销证明，及外债账户余额对账单。

⑦企业印章。

⑧外汇局规定的其他资料。

7.4.3　外汇账户的使用规定

企业在使用外汇账户时需要遵守一些规定，这是出纳人员不可忽视的，这些规定具体如下：

①企业用外汇账户办理收付业务时要先向银行出具《外汇账户使用证》，银行按凭证上规定的使用范围为其办理收付业务。

②外汇账户的使用期限、结汇方式要按《开立外汇账户批准书》及《外汇账户使用证》中的规定。如果是净收入需结汇的账户，企业要及时办理。如需延期使用的外汇账户，应提前向外汇局申请，未经批准不得擅自延期。

③企业开立的外汇账户要在每年的 1 ～ 4 月由开户企业委托会计师事务所进行年检。

④外汇账户的使用要注意以下违规行为：

a. 开立的外汇账户没有经过批准。

b. 将外汇账户出租、出借、转让。

c. 没有经过允许自行改变外汇账户的使用范围。

d. 没有按外汇局核定的账户最高金额、使用期限使用外汇账户。

e. 违反外汇局规定的其他外汇管理。

7.5　银行存款日记账的管理

7.5.1　银行存款日记账的启用和设置

银行存款日记账是逐日、逐项记录企业与银行存款收、支、结存情况的账簿。可实时、分类地反映与银行存款收支有关的经济业务事项。做好银行存账日记账的登记和管理，有利于及时了解、查询、核对每项经济业务的来龙去脉。

银行存款日记账是各企业、各单位重要的财务档案之一，任何企业、单位都必须设置银行存款日记账。

（1）银行存款日记账的填写

出纳人员其中一个重要的工作内容就是根据银行存款的收款、付款凭证序，逐笔登记银行存款日记账。每日终了需要结算出全日的银行存款收入、支出合计数、余额。

银行存款日记账一般采用的是订本式账簿，其账页格式多采用“借方”

（收入）、“贷方”（支出）和“余额”三栏式。其格式如表 7-29 所示。

表 7–29　银行存款三栏式日记账

银行存款日记账																																								
年		凭证号数	摘要	借方											核对	贷方											核对	借或贷	余额											核对
月	日			亿	千	百	十	万	千	百	十	元	角	分		亿	千	百	十	万	千	百	十	元	角	分			亿	千	百	十	万	千	百	十	元	角	分	

（2）银行存款日记账的填写要求

出纳人员在填写银行存款日记账时，凭证齐全，账证相符，书写工整、数字真实、准确。还需要注意很多细节，这些细节如表 7-30 所示。

表 7–30　银行存款日记账填写应注意的事项

序号	注意事项
1	登记账簿的依据是审核无误的银行存款收、付款记账凭证
2	登记时所记载的经济业务内容要和记账凭证保持一致，不得随便增减
3	登记账簿时要按经济业务发生的顺序逐笔登记
4	登记时要连续，不得跳行、隔页，更不得随便更换账页和撕扯账页
5	登记的文字和数字要整洁清晰，准确无误
6	登记时要用钢笔，以蓝、黑色墨水书写，除银行复写账簿外，不得使用圆珠笔或铅笔书写
7	登记时，一页必须登记完，完后才能按规定转页
8	每月的月末要按规定进行结账

7.5.2　银行存款日记账的核对

银行存款日记账的核对和现金日记账的核对相同，也包括账证核对、账账核对和账实核对三种，具体内容介绍如下。

（1）账证核对

所谓的账证核对是指按照业务发生的先后顺序，将银行存款日记账的账目和所依据的凭证逐笔进行核对，看其是否一致，主要核对如表 7-31 所列内容。

表 7-31　账证核对的内容

序号	核对内容
1	核对凭证的编号是否正确
2	核对记账凭证与原始凭证是否一致
3	核对账证金额与方向是否一致
4	发现错误要按照规定方法更正

（2）账账核对

所谓的账账核对是指按要求将银行存款日记账和银行存款总账相核对，以保证记录结果相一致，因为它们都是依据收付款凭证登记的。但是由于登记的过程和人员不同，难免会有错误发生，所以要经常核对两账的余额。

出纳人员一定要在每月终结账，将总账各科目借方发生额、贷方发生额以及月余额，与银行存款日记账中的本月收入合计数、支出合计数和余额进行仔细校对。如果发现两者存在不符的地方，一定查出错误之处上报，保持账账相符。

（3）账实核对

所谓的账实核对是要核对银行开出的“银行存款对账单”和“银行存款日记账”记录的发生额和期末余额是否完全一致。这种方法将在下一节银行存款的清查中做详细介绍，这里不多做解释。

7.6　银行存款的清查

7.6.1　银行存款的清查方法

银行存款与库存现金的清查方法是不同的。库存现金的清查通常采用实点盘点法，而银行存款的清查方法采用的则是对账单法。

银行存款的清查即银行对账，具体做法是将开户银行定期送来的对账单与本单位的银行存款日记账逐笔进行核对，以查明银行存款收、付款及余额是否相符。在进行银行清查前，企业应先检查本单位的银行存款日记账的正确性与完整性，然后再与银行送来的对账单上所记录的银行收付款业务，与本企业银行日记账中登记的收付款业务逐笔进行核对，查明银行存款的实有数额。

在实际工作中，导致银行存款日记账余额与银行对账单余额不一致的原因主要有以下两个：

一是记账错误。即企业与开户银行双方或一方记账有错，如错账、漏账等。

二是存在未达账项。由于企业与银行记账时间不一致，一方已取得凭证登记入账，另一方未取得凭证登记入账。这部分由于时差导致不一致的账项被称为未达账项。未达账项内容通常包括 4 项，如图 7-20 所示。

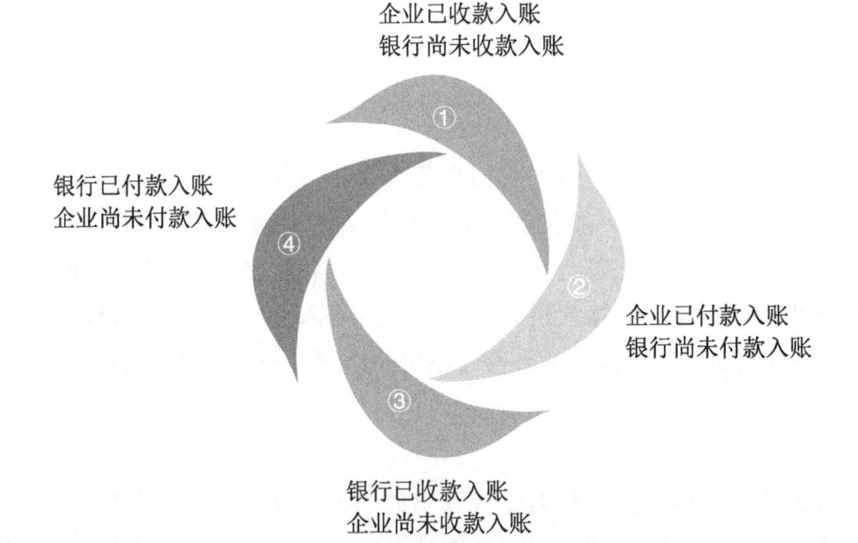

图 7-20 未达账项通常包含的内容

发生上述任何一种情况，都会致使企业银行存款日记账账面数据与银行对账单数据不一致。出现①和④这两种情况，会使企业银行存款日记账账面余额＞银行存款对账单余额；而出现②和③这两种情况，会使企业银行存款日记账账面余额＜银行存款对账单余额。

因此，出纳在清查时，需要先确定账面余额不符的原因，是记错账，还是有未达账项。如果是有未达账项就要编制“银行存款余额调节表”，对其进行调整，从而确定银行存款的实有数。

值得注意的是，企业银行日记账和银行对账单的记账方向相反，也就是企业银行存款日记账的借方为收入，贷方为付出；而银行对账单的贷方为收入，借方为付出。

银行存款余额调节表的公式如图 7-21 所示。

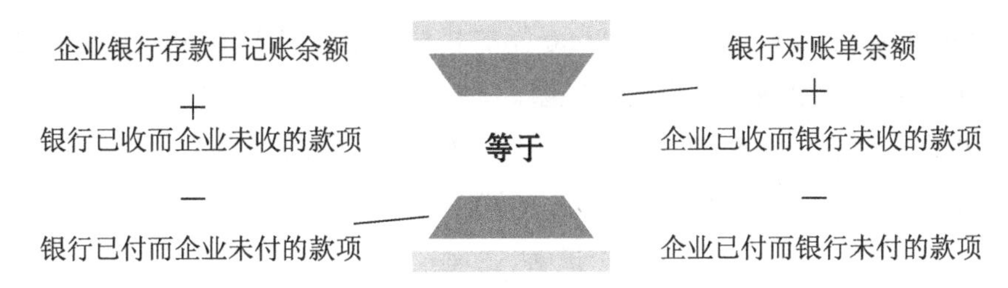

图 7-21　银行存款余额调节表的公式

企业银行存款日记账余额＋银行已收而企业未收的款项－银行已付而企业未付的款项＝银行对账单余额＋企业已收而银行未收的款项－企业已付而银行未付的款项

不能只根据银行存款余额调节表调整账面记录，对于企业尚未记录的未达账项，只有等到有关银行结算凭证到达企业，才能据以进行账务处理。

7.6.2　银行存款清查出纳实操

“银行存款余额调节表”的编制是在银行对账单的余额和企业银行存款日记账余额的基础上，各自分别加上对方已收款入账而己方尚未入账的数额，减去对方已付款入账而己方尚未入账的数额，然后再核对双方余额是否一致。

【案例说明】

S 公司 2019 年 8 月 25 日的“银行存款”账户余额是 498240 元，当月发生下列现金收支业务：

① 25 日，公司销售一批价值 158000 元的货物，增值税专用发票上注明的税款为 20540 元；

② 26 日，企业购入一批原材料 86112 元（含税），款项已通过银行转账支出；

③ 26 日，收到甲公司开出的一张转账支票，支付购买的货款 104832 元；

④ 26 日，企业通过信汇的方式，支付购入的 B 材料款 93600 元（含税）；

⑤ 28 日，收到乙企业以托收承付方式支付的货款 70200 元；

⑥ 28 日，企业购入一台价值 140000 元的设备，取得增值税专用发票上注明税款为 18200 元，款项已通过转账支票支付；

⑦ 29 日，企业销售一批价值 104000 元的货物，增值税额为 13520 元，款项已通过银行转账支出；

⑧ 30 日企业通过委托收款的方式支付原材料运杂费 9860 元；

⑨ 31 企业购入一批价值 98000 元的材料，增值税专用发票上注明的价款为 12740 元，企业已开出转账支票。

根据上述材料编制如表 7-32 ～表 7-40 所示的记账凭证。

表 7-32　S 公司销售货款记账凭证

记 账 凭 证

2019 年 8 月 25 日　　　　记字第 ×1 号

摘 要	总账科目	明细科目	过账	借方金额										过账	贷方金额									
				千	百	十	万	千	百	十	元	角	分		千	百	十	万	千	百	十	元	角	分
收到销货款	银行存款		√				6	5	5	4	0	0	0											
	主营业务收入													√				5	8	0	0	0	0	0
	应交税费	应交增值税（销项税额）												√					7	5	4	0	0	0
合 计						¥	6	5	5	4	0	0	0				¥	6	5	5	4	0	0	0

附件 × 张

财务主管 王×× 记账 张× 出纳 苏×× 审核 李×× 制单 赵××

表 7-33　S 公司原材料采购款记账凭证

记 账 凭 证

2019 年 8 月 26 日　　　　记字第 ×2 号

摘 要	总账科目	明细科目	过账	借方金额										过账	贷方金额									
				千	百	十	万	千	百	十	元	角	分		千	百	十	万	千	百	十	元	角	分
支付材料款	原材料		√				7	4	9	1	7	4	4											
	应交税费	应交增值税（进项税额）	√				1	1	1	9	4	5	6											
	银行存款													√				8	6	1	1	2	0	0
合 计						¥	8	6	1	1	2	0	0				¥	8	6	1	1	2	0	0

附件 × 张

财务主管 王×× 记账 张× 出纳 苏×× 审核 李×× 制单 赵××

表 7-34 S 公司收到转账支票记账凭证

记 账 凭 证

2019 年 8 月 26 日　　　　　　　　记字第 ×3 号

摘 要	总账科目	明细科目	过账	借方金额										过账	贷方金额									
				千	百	十	万	千	百	十	元	角	分		千	百	十	万	千	百	十	元	角	分
收到销货款	银行存款		√			1	0	4	8	3	2	0	0											
	主营业务收入													√				9	1	2	0	3	8	4
	应交税费	应交增值税（销项税额）												√				1	3	6	2	8	1	6
合 计					¥	1	0	4	8	3	2	0	0			¥	1	0	4	8	3	2	0	0

附件 × 张

财务主管 王×× 记账 张× 出纳 苏×× 审核 李×× 制单 赵××

表 7-35 S 公司支付原材料款记账凭证

记 账 凭 证

2019 年 8 月 26 日　　　　　　　　记字第 ×4 号

摘 要	总账科目	明细科目	过账	借方金额										过账	贷方金额									
				千	百	十	万	千	百	十	元	角	分		千	百	十	万	千	百	十	元	角	分
汇出支付款	原材料	B 材料	√				8	1	4	3	2	0	0											
	应交税费	应交增值税（进项税额）	√				1	2	1	6	8	0	0											
	银行存款													√				9	3	6	0	0	0	0
合 计						¥	9	3	6	0	0	0	0				¥	9	3	6	0	0	0	0

附件 × 张

财务主管 王×× 记账 张× 出纳 苏×× 审核 李×× 制单 赵××

表 7-36　S 公司收到货款记账凭证

记 账 凭 证

2019 年 8 月 28 日　　　　记字第 ×5 号

摘要	总账科目	明细科目	过账	借方金额										过账	贷方金额									
				千	百	十	万	千	百	十	元	角	分		千	百	十	万	千	百	十	元	角	分
收到销货款	银行存款		√				7	0	2	0	0	0	0											
	应收账款													√				7	0	2	0	0	0	0
合　计						¥	7	0	2	0	0	0	0				¥	7	0	2	0	0	0	0

附件 × 张

财务主管 王××　记账 张×　出纳 苏××　审核 李××　制单 赵××

表 7-37　S 公司支付设备款记账凭证

记 账 凭 证

2019 年 8 月 28 日　　　　记字第 ×6 号

摘要	总账科目	明细科目	过账	借方金额										过账	贷方金额									
				千	百	十	万	千	百	十	元	角	分		千	百	十	万	千	百	十	元	角	分
支付设备款	固定资产		√			1	4	0	0	0	0	0	0											
	应交税费	应交增值税（进项税额）	√				1	8	2	0	0	0	0											
	银行存款													√			1	5	8	2	0	0	0	0
合　计					¥	1	5	8	2	0	0	0	0			¥	1	5	8	2	0	0	0	0

附件 × 张

财务主管 王××　记账 张×　出纳 苏××　审核 李××　制单 赵××

表 7–38　S 公司收到销货款记账凭证

记账凭证

2019 年 8 月 29 日　　　　　记字第 ×7 号

摘 要	总账科目	明细科目	过账	借方金额										过账	贷方金额								
				千	百	十	万	千	百	十	元	角	分		千	百	十	万	千	百	十	元	角	分
收到销货款	银行存款		√			1	1	7	5	2	0	0	0											
	主营业务收入													√			1	0	4	0	0	0	0	0
	应交税费	应交增值税（销项税额）												√				1	3	5	2	0	0	0
合 计					¥	1	1	7	5	2	0	0	0			¥	1	1	7	5	2	0	0	0

附件 × 张

财务主管 王××　记账 张×　出纳 苏××　审核 李××　制单 赵××

表 7–39　S 公司支付原材料运杂费记账凭证

记账凭证

2019 年 8 月 30 日　　　　　记字第 ×8 号

摘 要	总账科目	明细科目	过账	借方金额										过账	贷方金额								
				千	百	十	万	千	百	十	元	角	分		千	百	十	万	千	百	十	元	角	分
支付原材料运杂费	应付账款		√					9	8	6	0	0	0											
	银行存款													√					9	8	6	0	0	0
合 计							¥	9	8	6	0	0	0					¥	9	8	6	0	0	0

附件 × 张

财务主管 王××　记账 张×　出纳 苏××　审核 李××　制单 赵××

表 7-40　公司支付材料货款记账凭证

记账凭证

2019 年 8 月 31 日　　　　　　　　记字第 ×9 号

摘要	总账科目	明细科目	过账	借方金额										过账	贷方金额									
				千	百	十	万	千	百	十	元	角	分		千	百	十	万	千	百	十	元	角	分
支付材料款	原材料		√				9	8	0	0	0	0	0											
	应交税费	应交增值税（进项税额）	√				1	2	7	4	0	0	0											
	银行存款													√			1	1	0	7	4	0	0	0
合　计					¥	1	1	0	7	4	0	0	0			¥	1	1	0	7	4	0	0	0

附件 × 张

财务主管 王××　　记账 张×　　出纳 苏××　　审核 李××　　制单 赵××

根据上述记账凭证编制银行存款日记账。银行存款对账单、银行存款余额调节表。具体如表 7-41 ～表 7-43 所示。

表 7-41　银行存款日记账

银行存款日记账																																								
2019 年		凭证号数	摘要	借方											核对	贷方											核对	借或贷	余额											核对
月	日			亿	千	百	十	万	千	百	十	元	角	分		亿	千	百	十	万	千	百	十	元	角	分			亿	千	百	十	万	千	百	十	元	角	分	
8	25		承前页																									贷				4	9	8	2	4	0	0	0	
	25	×1	收到销货款					6	5	5	4	0	0	0	√																									
	26	×2	支付材料款																	8	6	1	1	2	0	0	√													
	26	×3	收到销货款				1	0	4	8	3	2	0	0	√																									
	26	×4	汇出购货款																	9	3	6	0	0	0	0	√													
	28	×5	收到销货款					7	0	2	0	0	0	0	√																									
	28	×6	支付设备款																1	5	8	2	0	0	0	0	√													
	29	×7	收到销货款				1	1	7	5	2	0	0	0																										
	30	×8	支付材料运杂费																		9	8	6	0	0	0	√													
	31	×9	支付材料款																1	1	0	7	4	0	0	0														
			本月合计																									借				3	9	7	8	2	0	0	0	

表 7-42 银行存款对账单

2019 年		摘要	借方	贷方	借或贷	结余余额
月	日					
8	25	承前页			贷	498 240.00
	26	银行汇票(收款销货款)		65 540.00 √	贷	563 780.00
	26	托收承付(收款销货款)		70 200.00 √	贷	633 980.00
	26	信汇（汇出购货款）	93 600.00 √		贷	540 380.00
	27	转支（收到销货款）		104 832.00 √	贷	645 212.00
	28	委托收款（支付材料运杂费）	9 860.00 √		贷	635 352.00
	29	托收承付(收到销货款)		55 760.00	贷	691 112.00
	30	转支（支付设备款）	158 200.00 √		贷	532 912.00
	30	转支（支付材料款）	86 112.00 √		贷	446 800.00
	31	委托收款（支付房租）	9 920.00		贷	436 880.00
	31	银行存款计息单		980.00	贷	4378 600.00

表 7-43 银行存款余额调节表

2019 年 8 月 31 日

项目	金额	项目	金额
企业银行日记账余额	347 820.00	银行对账单余额	437 860.00
加：银行已收，企业未收	55 760.00 980.00	加：企业已收，银行未收	117 520.00
减：银行已付，企业未付	9 920.00	减：企业已付，银行未付	110 740.00
调节后的余额	444 640.00	调节后的余额	444 640.00

注意：

银行存款余额调节表的编制，需要将企业银行存款日记账与银行对账单逐笔核对，两者都有的账目后面划“ √ ”；同时，要重点核对清楚企业未达的账项，以上述案例为例，未达的账项主要有 5 项：

① 29 日，银行已收，企业未收：销货款为 55760 元；

② 29 日，企业已收，银行未收：销货款为 11752 元；

③ 31 日，企业已付，银行未付：材料款为 110740 元；

④ 31 日，银行已收，企业未付：房租为 9920 元；

⑤ 31 日，银行已收，企业未收：存款利息 980 元。

表 7-43 则是根据上述的未达账项而编制。

7.6.3 银行对账单

银行对账单又称对账单，是银行向开户单位提供的该单位账户在一定时间范围内资金进出的明细。对账单由银行出具，至少每月向开户单位提供一份。由开户单位核对无误后按要求进行确认。其主要有纸质对账单和电子对账单两种形式。

对账单的借方和贷方数字与日记账的贷方和借方数字是相互对应的。

通过与对账单进行核对，出纳可以发现银行和单位分别有哪些该记的账还没有记。

比如，社保费是社保中心通过银行直接划转的，扣钱的时候出纳并不知道，当时也就不会记账。但是，钱确实已经从银行划走了，银行自然也就记上了账。这种情况，只有当出纳拿到了银行回单才能完成对账。

使用对账单进行对账时，出纳要与日记账逐笔核对，并在对账单上做个小标记，以提醒自己已经核对完毕，避免重复。如果日记账与对账单对不上，出纳就需要通过编写银行存款余额调节表来检查是否有误。在进行全月结账时，如果当月对账单余额与日记账余额完全一致，或者通过余额调节后完全一致，就可以再与总账比对，由会计核查确认。

需要注意的是，没有密封的对账单应当由会计与银行对接，而不应当由出纳从银行直接取回。使用网银电子对账要注意正确选择对账周期，避免明细信息过多或过少。

至于电子对账单，开通了对公网银的单位可以自行下载打印。如果网银有自动套打银行电子签章的功能，出纳就不需要再去银行柜台盖章。

本章常用单据模板索引

表 1 转账支票模板

<table>
<tr><td rowspan="7">××银行转账支票存根
支票号码
科目________
对方科目________
出票日期 年 月 日
收款人：
金 额：
用 途：
会计</td><td colspan="12">××银行转账支票 地名 支票号码</td></tr>
<tr><td colspan="12">出票日期（大写） 年 月 日 付款行名称：</td></tr>
<tr><td rowspan="4">本支票付款期限十天</td><td colspan="11">收款人： 出票人账号：</td></tr>
<tr><td rowspan="2">人民币（大写）</td><td>千</td><td>百</td><td>十</td><td>万</td><td>千</td><td>百</td><td>十</td><td>元</td><td>角</td><td>分</td></tr>
<tr><td></td><td></td><td></td><td></td><td></td><td></td><td></td><td></td><td></td><td></td></tr>
<tr><td colspan="11">用途________
上列款项请从
我账户内支付
出票人签章
科目（借）________
对方科目（贷）________
付讫日期 年 月 日
复核 记账</td></tr>
<tr><td colspan="12">（使用清分机的，此区域供打印磁性字码）</td></tr>
</table>

表 2 进账单模板

<table>
<tr><td colspan="7">年 月 日</td><td colspan="8">第 号</td></tr>
<tr><td rowspan="3">出票人</td><td>全称</td><td></td><td rowspan="3">持票人</td><td>全称</td><td colspan="10"></td></tr>
<tr><td>账号</td><td></td><td>账号</td><td colspan="10"></td></tr>
<tr><td>开户银行</td><td></td><td>开户银行</td><td colspan="10"></td></tr>
<tr><td colspan="5" rowspan="2">人 民 币
（大写）</td><td>千</td><td>百</td><td>十</td><td>万</td><td>千</td><td>百</td><td>十</td><td>元</td><td>角</td><td>分</td></tr>
<tr><td></td><td></td><td></td><td></td><td></td><td></td><td></td><td></td><td></td><td></td></tr>
<tr><td colspan="2">票据种类</td><td></td><td colspan="12" rowspan="3">收款人开户银行盖章</td></tr>
<tr><td colspan="2">票据张数</td><td></td></tr>
<tr><td colspan="3">单位主管 会计
复核 记账</td></tr>
</table>

表 3 银行结算账户申请书模板

no：

人民币结算业务申请书

年 月 日

□汇款 □ 银行汇票 □银行本票 □普通 □加急

<table>
<tr><td rowspan="4">申请人</td><td>全称</td><td></td><td rowspan="4">收款人</td><td>全称</td><td></td></tr>
<tr><td>账号</td><td></td><td>账号</td><td></td></tr>
<tr><td>联系电话</td><td></td><td>地址</td><td></td></tr>
<tr><td>开户 / 汇出银行</td><td></td><td>开户 / 汇入银行</td><td></td></tr>
</table>

<table>
<tr><td rowspan="2">金额</td><td rowspan="2">人民币（大写）</td><td>百</td><td>十</td><td>亿</td><td>千</td><td>百</td><td>十</td><td>万</td><td>千</td><td>百</td><td>十</td><td>元</td><td>角</td><td>分</td></tr>
<tr><td></td><td></td><td></td><td></td><td></td><td></td><td></td><td></td><td></td><td></td><td></td><td></td><td></td></tr>
</table>

<table>
<tr><td rowspan="3">□上列款项及相关费用请从上述账户内支付。
□上列款项请从上述账户内支付，并由（账号）
____________账户支付相关费用。

申请人签章</td><td>支付密码</td></tr>
<tr><td>现金业务请填写
国籍： 身份证件类型：
职业： 证件号码：</td></tr>
<tr><td>其他附加信息及用途</td></tr>
<tr><td colspan="2">银行专用栏：</td></tr>
</table>

表 4 内设机构（部门）名称开立专用存款账户申请书模板

<table>
<tr><td>存款人名称</td><td colspan="3"></td></tr>
<tr><td>账户名称</td><td colspan="3"></td></tr>
<tr><td>开户银行代码</td><td></td><td>账号</td><td></td></tr>
<tr><td>开户许可证核准号</td><td colspan="3"></td></tr>
<tr><td colspan="4">变更事项及变更后内容如下：</td></tr>
<tr><td>内设机构（部门）名称</td><td colspan="3"></td></tr>
<tr><td>内设机构（部门）电话</td><td colspan="3"></td></tr>
<tr><td>内设机构（部门）地址</td><td colspan="3"></td></tr>
<tr><td>内设机构（部门）邮编</td><td colspan="3"></td></tr>
<tr><td rowspan="3">内设机构（部门）负责人</td><td>姓名</td><td colspan="2"></td></tr>
<tr><td>证件种类</td><td colspan="2"></td></tr>
<tr><td>证件号码</td><td colspan="2"></td></tr>
</table>

续表

<table>
<tr><td colspan="2">本存款人申请变更上述银行账号内容，并承诺所提供的资料真实、有效。
存款人（公章）
年　月　日</td></tr>
<tr><td>开户银行审核意见：
经办人（签章）
开户银行（签章）
年　月　日</td><td>人民银行审核意见：
经办人（签章）
人民银行（签章）
年　月　日</td></tr>
</table>

表5　银行印鉴卡模板

<table>
<tr><td colspan="4">××××银行印鉴卡　　no:</td></tr>
<tr><td>户名</td><td></td><td>账号</td><td></td></tr>
<tr><td>地址</td><td></td><td>币种</td><td></td></tr>
<tr><td>联系人</td><td></td><td>账户性质</td><td></td></tr>
<tr><td>联系电话</td><td></td><td>是否通兑</td><td>□通兑　□不通兑</td></tr>
<tr><td rowspan="3">预留银行签章样式</td><td rowspan="3"></td><td rowspan="3">使用说明</td><td></td></tr>
<tr><td>使用日期：</td></tr>
<tr><td>注销日期：</td></tr>
</table>

网点经办　　网点复核　　建库经办　　建库符合

表6　银行存款模板

××银行 现金存款凭证

三联

年　月　日

<table>
<tr><td>收款单位名称</td><td colspan="2"></td><td>账号</td><td colspan="10"></td></tr>
<tr><td>款项来源</td><td colspan="2"></td><td>开户行</td><td colspan="10"></td></tr>
<tr><td rowspan="2">金额大写（币种）</td><td colspan="3" rowspan="2"></td><td>千</td><td>百</td><td>十</td><td>万</td><td>千</td><td>百</td><td>十</td><td>元</td><td>角</td><td>分</td></tr>
<tr><td></td><td></td><td></td><td></td><td></td><td></td><td></td><td></td><td></td><td></td></tr>
<tr><td colspan="14">备注</td></tr>
<tr><td>银行填写栏</td><td colspan="13"></td></tr>
</table>

第一联　银行留存

本凭证需经银行电脑打印户名、账号、金额、收款柜员等内容。　　监督

表 7 银行存款三栏式日记账

银行存款日记账																																								
年		凭证号数	摘要	借方											核对	贷方											核对	借或贷	余额											核对
月	日			亿	千	百	十	万	千	百	十	元	角	分		亿	千	百	十	万	千	百	十	元	角	分			亿	千	百	十	万	千	百	十	元	角	分	

表 8 银行借款凭证模板

××银行 借款凭证（第二联 借方传票）

借款日期 年 月 日 编号

<table>
<tr><td>借款单位全称</td><td colspan="2"></td><td>还款账号</td><td></td><td>贷款账号</td><td colspan="10"></td></tr>
<tr><td>收款单位全称</td><td colspan="4"></td><td>收款单位账号</td><td colspan="10"></td></tr>
<tr><td rowspan="2">借款金额</td><td colspan="4" rowspan="2">人民币（大写）</td><td>千</td><td>百</td><td>十</td><td>万</td><td>千</td><td>百</td><td>十</td><td>元</td><td>角</td><td>分</td></tr>
<tr><td></td><td></td><td></td><td></td><td></td><td></td><td></td><td></td><td></td><td></td></tr>
<tr><td>贷款到期日</td><td>年 月 日</td><td>借款用途</td><td colspan="2"></td><td>月利率</td><td colspan="9"></td></tr>
<tr><td>借款单位印鉴</td><td colspan="3"></td><td colspan="11">会计分录：
借：________
对方科目贷：________
记账员： 复核员：</td></tr>
</table>

银行代转账借方传票

行长 科长 信贷员

表 9 银行存款余额调节表模板

银行存款余额调节表

开户银行： 账号： 年 月 日止

摘要	入账日期凭证号	金额										摘要	入账日期凭证号	金额									
		千	百	十	万	千	百	十	元	角	分			千	百	十	万	千	百	十	元	角	分
《银行存款日记账》余额												《银行对账单》余额											
加：银行已收，企业未收：												加：企业已收、银行未收：											
1												1											

续表

2												2											
3												3											
4												4											
5												5											
6												6											
7												7											
减：银行已付，企业未付：												减：企业已付、银行未付：											
1												1											
2												2											
3												3											
4												4											
5												5											
6												6											
7												7											
8												8											
9												9											
10												10											
11												11											
12												12											
调节后余额												调节后余额											

财会主管：　　　　　　　　　　制表：

表 10　银行汇票模板

银行汇票

付款期限　　　　　　　　　　　　　汇票号码：
壹个月　　　　　　　　　　　　　　　第　号

出票日期　年　月　日 （大写）	兑付行：　　　　行号：										
收款人：　　　　账号：											
出票金额	人民币 （大写）　　　（压数机压印出票金额）										
实际结算余额	人民币 （大写）	千	百	十	万	千	百	十	元	角	分
申请人：　　　　账号或住址：											

出票行：　行号： 备注： 凭票付款 出票行签章：											科目（借） 对方科目（贷） 兑付日期　年 月 日 复核：　记账：
	多余金额										
	千	百	十	万	千	百	十	元	角	分	

表 11　银行本票模板

××银行

本票

本票号码

付款期限
壹 个 月

出票日期　　年　月　日
（大写）

第　号

<table>
<tr><td colspan="3">收款人：</td></tr>
<tr><td colspan="3">凭票即付　人民币
（大写）　　　　（压数机压印小写金额）</td></tr>
<tr><td>转账</td><td>现金</td><td rowspan="2">出票行签章</td><td rowspan="2">科目（借）________
对方科目（贷）________
付款日期　　年　月　日
出纳　复核　经办</td></tr>
<tr><td colspan="2">备注</td></tr>
</table>

表 12　不定额银行本票模板

××银行

付款期限
×个月

本 票（卡片）1

地名

本票号码

出票日期　年　月　日
（大 写）

第　号

<table>
<tr><td colspan="4">收款人：</td></tr>
<tr><td colspan="4">凭票即付　人 民 币
（大写）</td></tr>
<tr><td>转账</td><td>现金</td><td rowspan="2"></td><td rowspan="2">出纳　复核　经办</td></tr>
<tr><td colspan="2">备注：</td></tr>
</table>

表 13　商业汇票模板

<u>商业承兑汇票</u>　2

汇票号码

出票日期　　年　月　日
（大写）

第　号

<table>
<tr><td rowspan="3">付款人</td><td>全 称</td><td colspan="3"></td><td rowspan="3">收款人</td><td>全 称</td><td colspan="10"></td></tr>
<tr><td>账 号</td><td colspan="3"></td><td>账 号</td><td colspan="10"></td></tr>
<tr><td>开户行</td><td></td><td>行号</td><td></td><td>开户行</td><td colspan="4"></td><td>行号</td><td colspan="5"></td></tr>
<tr><td colspan="2" rowspan="2">出票金额</td><td rowspan="2">人民币（大写）</td><td colspan="4" rowspan="2"></td><td>千</td><td>百</td><td>十</td><td>万</td><td>千</td><td>百</td><td>十</td><td>元</td><td>角</td><td>分</td></tr>
<tr><td></td><td></td><td></td><td></td><td></td><td></td><td></td><td></td><td></td><td></td></tr>
<tr><td colspan="2">汇票到期日</td><td colspan="3"></td><td colspan="2">交易合同号码</td><td colspan="10"></td></tr>
<tr><td colspan="5">承兑人签章
承兑日期　年　月　日</td><td colspan="12">出票人签章</td></tr>
</table>

表 14　委托收款模板

委邮

委托收款凭证（收账通知）　4

委托日期　年　月　日　　委托号码：

付款期限　年　月　日

付款人	全称		收款人	全称			
	账号或地址			账号或地址			
	开户银行			开户银行		行号	

委收金额	人民币（大写）	千	百	十	万	千	百	十	元	角	分

款项内容		委托收款凭证名称		附寄单证张数	
备注：			上列款项： 1. 已全部划回收入你方账户。 2. 全部款收到。 收款人开户行盖章 年　月　日		

单位主管　会计　复核　记账　　付款人开户银行收到日期　年　月　日

表 15　异地托收承付凭证模板

异地托收承付结算凭证第三联（承付支款通知）

邮划　　3

科　目　　托收号码　第　号

贷方科目　　委托日期 20 年　月　日

承付期限　到期 20 年　月　日

收款单人	全称		付款单人	全称	
	账号			账号	
	开户银行			开户银行	

托收金额	人民币（大写）	千	百	十	万	千	百	十	元	角	分

付件		商品发运情况	合同名称号码及日期	合同规定	
				承付期	赔偿金
付件单证张数或册数					
备注			付款单位注意事项		

单位主管　会计　复核　记账　　付款单位开户行盖章　月　日

此联是单付款位开户银行通知付款单位按期承付贷款的承付（支款）通知

表 16 信用证模板

信用证（副本） 1

开证日期 年 月 日

开证申请人	全　称		收益人	全　称	
	地址、邮编			地址、邮编	
	账　号			账　号	
	开户行			开户行	

开证金额	人民币（大写）	亿	千	百	十	万	千	百	十	元	角	分

有效日期及有效地点：	
通知行名称及行号：	

运输方式：____________________说明____________________

分批装运：允许□ 不允许□ 付款方式：即期付款□ 延期付款□ 议付□

转 运：允许□ 不允许□

货物运输起止地：自________至________ 议付行名称及行号：________________

最迟装运日期：____年____月____日 付款期限：即期□

运输单据日后____天

货物描述：____________________________________

受益人应提交的单据：________________________________

其他条款：____________________________________

开证行地址：

电话：

传真： 编押： 开证行签章：

表 17　银行存款对账单模板

2019 年		摘要	借方	贷方	借或贷	结余余额
月	日					

表 18　银行询证函模板

银行询证函

编号：

____________________（银行）：根据资产清查工作的要求，本单位对实物资产及其他各类资产、负债进行全面的资产清查，并聘请______________会计师事务所有限责任公司对本单位进行资产清查审计，按照中国注册会计师独立审计准则的要求，应当询证本单位与贵行的存款、借款往来等事项。下列数据出自本单位账簿记录，如与贵行记录相符，请在本函下端“数据证明无误”处签章证明；如有不符，请在“数据不符”处列明不符金额，并附加说明事项详为指正。有关询证费用可直接从本单位___________存款账户中收取。

回函请先传真至：_________（传真号），____________收。

原件请直接寄至：________会计师事务所____________收

通讯地址：

邮 编：

电 话：

截至____年___月___日止，本单位银行存款、借款账户余额等示列如下：

1. 银行存款、账户名称、银行账号、币种、利率、余额、是否被抵押或质押或其他限制、备注。

除以上所述，本单位并无其他在贵行的存款。

2. 银行借款银行账号、币种、余额、借款日期、还款日期、利率、借款条件、抵（质）押品 / 担保人、备注。

除以上所述，本单位并无其他自贵行的借款。

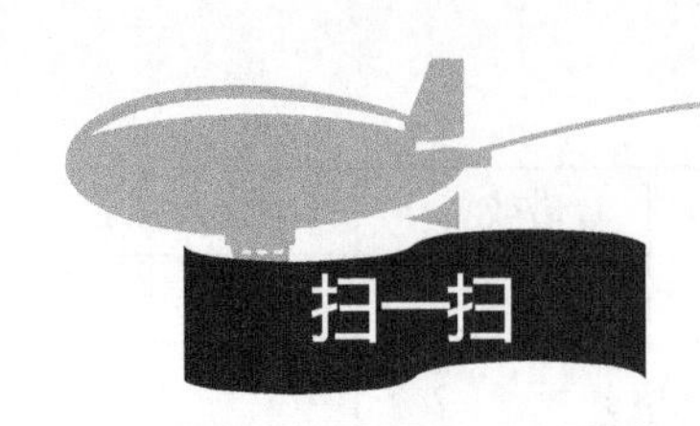

可下载本章电子版表格模板

第8章

辅助缴纳税务

除了银行、工商行政管理局外，税务局也是出纳人员经常去的地方，这是因为纳税是出纳的主要工作之一。纳税属于会计工作范畴，但出纳有义务做好辅助性的工作，如进行税务登记，准备待提交的相关资料，看得懂各项纳税申报表等。因此，作为出纳人员也需要掌握必要的纳税知识，以帮助会计更好地完成工作。

8.1 我国税收的分类

按时、足额纳税是企业的基本义务，出纳人员作为企业与税务机关的“纽带”，应该有正确的纳税意识，积极建立与税务机关的业务联系，维护畅通的沟通和良好的合作。

为了更好地进行税收申报，出纳人员需要充分了解税收的分类。税收分类指按照一定的标准对各种税所进行的归类，结合我国现行的税收体系，根据税的性质和来源来看，可分为5大类。

（1）流转税

流转税包括增值税、消费税、关税。该税类主要产生于企业生产、流通或者服务中。

（2）所得税

所得税包括企业所得税、个人所得税。该税类主要产生于企业或个人所得中，对企业生产经营者的利润、个人收入起一定协调作用。

（3）资源税

资源税包括资源税、城镇土地使用税。该税类来源于因开发、利用自然资源而产生的税种。

（4）特定目的税

特定目的税包括固定资产投资方向调节税、城市维护建设税、土地增值税、车辆购置税、耕地占用税、烟叶税。该税类主要是为了达到特定目的，对特定对象的特定行为而征收的一种税。

（5）财产行为税

财产行为税包括房产税、车船税、印花税、契税。该税类主要要对某些财产和行为发挥调节作用。

从税收的管理权限来看，又可分为中央税、地方税，以及中央地方混合税，在国家税务局与地方税务局合并之前，中央税、地方税分别分属国税和地税。2018年3月13日后，国家税务局和地方税务局合并，统称税务局，整合资源，统一办公，各项税收业务联合办理，国税、地税业务也不再区分。

按新规定，纳税人申报纳税可“一键咨询”“一厅通办”“一网通办”“主税附加税一次办”。若需要向原国税、地税机关分别报送资料的，相同资料只需提供一套；在原国税、地税机关分别办理的事项，同一事项只需申请一次。

需要注意的是，尽管纳税申报不用再国税局、地税局两头“折腾”，但对出纳人员而言，仍需要很好地分清中央税收包括哪些，地方税收包括哪些，混合税收包括哪些。因为，根据现行政策，中央税、地方税的税种之别还是存在的。中央税 15 类税种如表 8-1 所列，地方税 8 类税种如表 8-2 所列。

表 8–1　中央税 15 类税种

<table>
<tr><td colspan="2">增值税</td><td colspan="2">燃油税</td><td colspan="2">车辆购置税</td></tr>
<tr><td colspan="2">消费税</td><td colspan="2">出口产品退税</td><td colspan="2">进口产品增值税、消费税</td></tr>
<tr><td colspan="3">储蓄存款利息所得个人所得税</td><td colspan="3">地方、外资银行及非金融企业所得税</td></tr>
<tr><td colspan="3">个体户、集贸市场的增值税、消费税</td><td colspan="3">中央税、共享税的滞纳金、补税、罚款</td></tr>
<tr><td colspan="6">证券交易税（未开征前先征收在证券交易所交易的印花税）</td></tr>
<tr><td colspan="6">铁道、各银行总行、保险总公司集中缴纳的营业税、所得税和城市维护建设税</td></tr>
<tr><td colspan="6">境内的外商投资企业和外国企业缴纳的增值税、消费税、企业所得税</td></tr>
<tr><td colspan="6">中央企业所得税；中央与地方所属企事业单位组成的联营企业、股份制企业所得税；2002 年 1 月 1 日后办理工商登记、领取许可证的企事业单位、社会团体组织等缴纳的企业所得税</td></tr>
<tr><td colspan="6">中央明确由国家税务局负责征收的其他有关税费</td></tr>
</table>

表 8–2　地方税 8 类税种

<table>
<tr><td colspan="2">房产税</td><td colspan="2">印花税</td><td colspan="2">个人所得税</td></tr>
<tr><td colspan="2">城镇土地使用税</td><td colspan="2">城市维护建设税</td><td colspan="2">教育费附加</td></tr>
<tr><td colspan="3">地方教育费附加</td><td colspan="3">基本养老保险</td></tr>
</table>

中央地方混合税属于中央政府和地方政府财政的共同收入，由中央、地方政府按一定的比例分享税收收入，目前由国家税务局负责征收管理，如增值税、印花税、资源税、城建税、企业所得税、个人所得税等。

8.2　掌握纳税申报的内容

根据《税收征收管理法》及其实施细则规定，纳税人从办理税务登记起，无论有无经营收入、是否亏损，或是否享受减免税，都应在规定的申报期限内办理纳税申报，这就是全面纳税申报。全面纳税申报内容如表 8-3 所示。

表 8-3 全面纳税申报内容

申报内容	具体说明
正常申报	纳税人必须在规定的申报期限内办理纳税申报，向税务局（所）报送纳税申报表、财务会计表以及报送的其他有关纳税资料
减免申报	按我国相关税法的规定，经批准享受减免的纳税人，需提供减免税种、减免税税额，减免性质及批准免税文号，减免期企业经营、财务会计状况等资料
零申报	当期达不到起征点或当期没有发生纳税义务的纳税人（如无经营收入或亏损），也需按期办理纳税申报，并提供有关生产经营情况和财务会计资料
定期定额申报	实行定期定额缴纳税款的纳税人，应按期主动向税务机关填报纳税申请表，提供实际经营情况及有关资料
延期申报	按税法规定，经税务机关批准同意可以延期申报的纳税人，在税务机关批准其延期后，也应按照规定申报，具体内容包括延期税种、延期税额、有关批准延期申报文号和有关财务会计资料

8.3 进行税务登记

（1）设立税务登记

企业在以下情况时需向生产、经营所在地税务机关申报办理税务登记。包括企业在外地设立的分支机构或从事生产、经营的场所，个体工商户，从事生产、经营的事业单位（以下统称从事生产、经营的纳税人）。

除国家机关、个人和无固定生产、经营场所的流动性农村小商贩外，均应当自纳税义务发生之日起 30 日内，向纳税义务发生地税务机关申报办理税务登记，税务机关核发税务登记证及副本。

（2）变更税务登记

纳税人税务登记内容发生变化的，按照规定不需要到工商行政管理机关及其他机关办理变更登记的，应当自发生变化之日起 30 日内，持相关证件向原税务登记机关申报办理变更税务登记。

（3）注销税务登记

纳税人发生解散、破产、撤销以及其他情形，依法终止纳税义务的，在向工商行政管理机关或者其他机关办理注销登记前，持有关证件向原税务登记机关申报办理，税务登记注销主要内容如表 8-4 所示。

表 8-4　税务登记注销主要内容

1. 按照规定不需要在工商行政管理机关或者其他机关办理注册登记的，应当自有关机关批准或者宣告终止之日起 15 日内，持有关证件向原税务登记机关申报办理注销税务登记
2. 纳税人因住所、经营地点变动，涉及变更税务登记机关的，应当在向工商行政管理机关或者其他机关申请办理变更或注销登记前，或者住所、经营地点变动前，向原税务登记机关申报办理注销税务登记，并在 30 日内向迁达地税务机关申报办理税务登记
3. 纳税人被工商行政管理机关吊销营业执照或者被其他机关予以撤销登记的，应当自营业执照被吊销或者被撤销登记之日起 15 日内，向原税务登记机关申报办理注销税务登记
4. 纳税人办理注销税务登记前，应当向税务机关提交相关证明文件和资料，结清应纳税款、多退（免）税款、滞纳金和罚款，缴销发票、税务登记证件和其他税务证件，经税务机关核准后，办理注销税务登记手续

8.4　准备纳税申报相关材料

纳税申报是指纳税人按照税法规定的期限和内容，向税务机关提交有关纳税事项书面报告的法律行为，是纳税人履行纳税义务、承担法律责任的主要依据。

根据《中华人民共和国税收征收管理法》（以下简称《税收征收管理法》）第二十六条规定得知：目前，纳税申报比较主流形式主要有三种，分别为直接到税务机关办理、邮寄申报或数据电文。另外也可以简易申报，具体如表 8-5 所示。

表 8-5　纳税申报的方式

申报内容	具体说明
直接申报	直接申报是指纳税人自行到税务机关办理纳税申报。这是一种传统的申报方式
邮寄申报	邮寄申报是指经税务机关批准的纳税人使用统一规定的纳税申报特快专递专用信封，通过邮政部门办理交寄手续，并向邮政部门索取收据作为申报凭据的方式。 纳税人采用邮寄方式办理纳税申报的，应当使用统一的纳税申报专用信封，并以邮政部门的收据作为申报凭据。邮寄申报以寄出的邮戳日期为审计申报日期
数据电文	数据电文是指经税务机关确定的电话语音、电子数据交换和网络传输等电子方式。例如，目前纳税人的网上申报，就是数据电文申报方式的一种形式。纳税人采取电子方式办理纳税申报的，应当按照税务机关规定的期限和要求保存有关资料，并定期书面报送主管税务机关
简易申报	实行定期定额缴纳税款的纳税人，可以实行简易申报、简并征期等申报纳税方式

随着互联网的普及，现在的纳税基本都在网上或移动 App 上进行。

因此，出纳人员需要知道如何在网上或移动 App 上纳税。

（1）网上申报

a. 纳税人向国税局的征管部门提出网上申报纳税申请，经县（市）区局审批同意后，正式参与网上申报纳税。

b. 纳税人向税务机关提供在银行已经开设的缴税账户，并保证账户中有足够用于缴税的资金。

c. 纳税人与银行签署委托划款协议，委托银行划缴税款。

d. 纳税人利用计算机和申报纳税软件制作纳税申报表，并通过电话网、因特网传送给税务机关的计算机系统。

e. 税务机关将纳税人的应划缴税款信息，通过网络发送给有关的银行，由银行从纳税人的存款账户上划缴税款，并打印税收转账专用完税证。

f. 银行将实际划缴的税款信息利用网络传送给税务机关的计算机系统。

g. 税务机关接收纳税人的申报信息和税款划缴信息，打印税收汇总缴款书，办理税款的入库手续。

h. 纳税人在方便的时候到银行营业网点领取税收转账完税证，进行会计核算。

（2）移动 App 申报

移动 App 申报仅限于个人所得税，继 2018 年 10 月个人所得税税改以来，国税局推出了移动端 App 申报系统，纳税人可通过下载个人所得税 App，自行填报申报材料，享受专项扣除。值得注意的是，需要企业代扣的，需要将填报材料先申报至所在企业财务部门，由其财务人员统一办理。

作为出纳人员，需要充分了解个人所得税税改政策，以及个人所得税 App 线上申报规则和方法，协助财务部门和员工做好申报工作。

8.5 了解常涉及的 4 个税种

8.5.1 增值税

增值税是对销售货物或者提供加工、修理修配劳务以及进口货物的单位和个人就其实现的增值额征收的一个税种。

增值税是以商品（含应税劳务）在流转过程中产生的增值额作为计税依据而征收的一种流转税。从计税原理上说，增值税是对商品生产、流通、劳务服务中多个环节的新增价值或商品的附加值征收的一种流转税。

出纳人员需要清晰地了解增值税征收范围，如图 8-1 所示，囊括了包括生产、流通和消费过程中各个环节在内的所有税种。营业税改增值税后，原来缴纳营业税的改交增值税，还增加了两档低税率 6%（现代服务业）和 11%（交通运输业）。现代服务业包括：研发和技术服务、信息技术服务、文化创意服务、物流辅助服务、有形动产租赁服务、鉴证咨询服务。交通运输业包括陆路运输、水路运输、航空运输、管道运输。

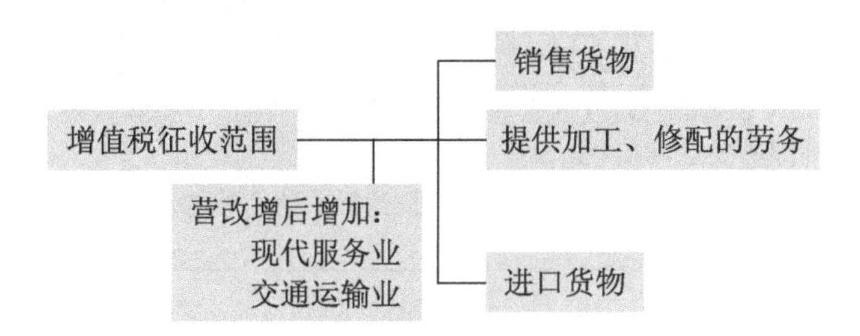

图 8-1　增值税征收范围

除此之外，征收增值税的范围还包括一些特殊情景产生的税种，有的视同销售货物，有的视同提供加工、修配的劳务。一般来讲，表 8-6 所列的几种货物可视同销售货物，表 8-7 所列的视同加工劳务服务行为。

表 8–6　视同销售货物的种类

视同销售货物的种类
1. 将货物交付其他单位或者个人代销
2. 销售代销货物
3. 设有两个以上机构并实行统一核算的纳税人，将货物从一个机构移送其他机构“用于销售”，但相关机构设在同一县（市）的除外
4. 将自产、委托加工的货物用于非增值税应税项目
5. 将自产、委托加工的货物用于集体福利或者个人消费
6. 将自产、委托加工或购进的货物作为投资，提供给其他单位或者个人
7. 将自产、委托加工或购进的货物分配给股东或者投资者
8. 将自产、委托加工或购进的货物无偿赠送他人

表 8–7　视同加工劳务服务的行为 1

一般规定	从事货物的生产、批发或者零售的企业、企业性单位和个体工商户的混合销售行为，视同销售货物，一并征收增值税
	其他单位和个人的混合销售行为，一并征收增值税
特殊规定	销售“自产货物”并同时提供“建筑业劳务”的，应当分别核算货物的销售额和非增值税应税劳务（建筑业）的营业额，货物的销售额缴纳增值税，建筑业劳务的营业额缴纳营业税
	未分别核算的，由主管税务机关“核定”其货物的销售额，核定后，还是分别缴纳增值税和营业税

另外，还有一些特殊的商品、服务或项目需要征收增值税，具体如表 8-8 所列。

表 8-8 视同加工劳务服务的行为 2

一般规定	从事货物生产、批发或者零售的企业、企业性单位和个体工商户的混合销售行为，视同销售货物，一并征收增值税
	单位和个人提供混合销售行为的，一并征收增值税
特殊规定	从事建筑业的企业，无论提供货物生产、销售，还是相关劳务，一并征收增值税
	未分别核算的，由主管税务机关核定货物销售额，核定后，一并征收增值税

8.5.2 消费税

消费税是针对特定消费品所征收的一种税，属于流转税范畴。在对货物普遍征收增值税的基础上，选择部分消费品再征收一道消费税，目的是为了调节产品结构，引导消费方向，保证国家财政收入。

对于出纳人员而言，需要了解消费税的征税范围。消费税征收范围包括国有企业、集体企业、私有企业、股份制企业、其他企业等。只要是在中华人民共和国境内生产、委托加工和进口，并被列入《消费税暂行条例》的所有消费品都是征收对象。具体如表 8-9 所示。

表 8-9 消费税涉及的商品种类

税目	内容
烟、酒及酒精	包括卷烟（进口卷烟、白包卷烟、手工卷烟和未经国务院批准的企业及个人生产的卷烟）、雪茄烟和烟丝
	酒是指酒精度在 12 度以上的各种酒类饮料，包括粮食白酒、薯类白酒、黄酒、啤酒和其他酒
	酒精又名乙醇，是指用蒸馏或合成方法生产的酒精度在 95 度以上的无色透明液体，包括各种工业酒精、医用酒精和食用酒精
化妆品	本税目征收范围包括各类美容、修饰类化妆品、高档护肤类化妆品和成套化妆品
首饰、珠宝、玉石	包括以金、银、白金、宝石、珍珠、钻石、翡翠、珊瑚、玛瑙等高贵稀有物质以及其他金属、人造宝石等制作的各种纯金银首饰及镶嵌首饰和经采掘、打磨、加工的各种珠宝玉石
	对出国人员免税商店销售的金银首饰征收消费税
鞭炮、焰火	包括各种鞭炮、焰火。体育上用的发令纸、鞭炮药引线，不按本税目征收
成品油	本税目包括汽油、柴油、石脑油、溶剂油、航空煤油、润滑油、燃料油

续表

税目	内容
汽车轮胎	汽车轮胎是指用于各种汽车、挂车、专用车和其他机动车上的内、外轮胎，不包括农用拖拉机、收割机、手扶拖拉机的专用轮胎
	自 2001 年 1 月 1 日起，子午线轮胎免征消费税，翻新轮胎停止征收消费税
小汽车	包括小轿车、越野车和小客车（包括微型厢式车）
	用上述应税车辆的底盘组装、改装、改制的各种货车、特种用车（如急救车、抢修车）等不属于本税目的征收范围
摩托车	包括轻便摩托车和摩托车两种。对最大设计车速不超过 50 千米 / 时，发动机气缸总工作容量不超过 50 毫升的三轮摩托车不征收消费税
高尔夫球及球具	高尔夫球及球具是指从事高尔夫球运动所需的各种专用装备，包括高尔夫球、高尔夫球杆及高尔夫球包（袋）等
高档手表	高档手表是指销售价格（不含增值税）每只在 10000 元（含）以上的各类手表
游艇	游艇是指长度大于 8 米小于 90 米，船体由玻璃钢、铝合金、塑料等多种材料制作，可以在水上移动的水上浮载体。按照动力划分，游艇可分为无动力帆艇和机动艇
木制一次性筷子	木制一次性筷子，又称卫生筷子，是指以木林业原料经过锯段、浸泡、旋切、刨切、烘干、筛选、打磨、倒角、包装等环节加工而成的各类一次性使用的筷子
实木地板	实木地板是指以木材为原料，经锯割、干燥、刨光、截断、开榫、涂漆等工序加工而成的块状或条状的地面装饰材料
	实木地板按生产工艺不同，可分为独板（块）实木地板、实木指接地板、实木复合地板三类
	按表面处理状态不同，可分为未涂饰地板（白坯板、素板）和漆饰地板两类

8.5.3　企业所得税

企业所得税是对我国境内企业生产、经营所得和其他所得，依法征收的一种税，是企业经营过程中需要缴纳的一个重要税种。

（1）企业所得税分类

企业所得税分类从内容上看，具体包括销售货物所得、提供劳务所得、转让财产所得、股息红利等权益性投资所得、利息所得、租金所得、特许权使用费所得、接受捐赠所得和其他所得。

对于所得税，出纳人员有一点必须了解，就是这些税是根据什么而确定的。如公司因销售货物的所得，应该申报多少，按什么标准申报才合适，是全部还是部分。针对不同的所得税，表 8-10 中列出了详细的确定标准。

表 8-10 企业所得税的确定标准

<table>
<tr><th>项目</th><th colspan="2">具体内容</th></tr>
<tr><td rowspan="8">所得税来源的确定</td><td colspan="2">销售货物所得，按照交易活动发生地确定</td></tr>
<tr><td colspan="2">提供劳务所得，按照劳务发生地所得</td></tr>
<tr><td rowspan="3">转让财产所得</td><td>不动产转让所得按照不动产所在地确定</td></tr>
<tr><td>动产转让所得按照转让动产的企业或机构、场所所在地确定</td></tr>
<tr><td>权益性投资资产转让所得按照被投资企业所在地确定</td></tr>
<tr><td colspan="2">股息、红利等权益性投资所得，按照分配所得的企业所在地确定</td></tr>
<tr><td colspan="2">利息所得、租金所得、特许权使用费所得，按照负担、支付所得的企业或机构、场所所在地确定，或按照负担、支付所得的个人的住所地确定</td></tr>
<tr><td colspan="2">其他所得，由国务院财政、税务主管部门确定</td></tr>
</table>

（2）企业所得税税率的相关规定

在明确所得税的确定标准后，还需要了解具体的税率，不同性质的企业所上缴的税率不同。根据《中华人民共和国企业所得税暂行条例》《中华人民共和国企业所得税法（2017 版）》的相关规定：

企业所得税的税率为比例税率，大致可分为三个档次，25%、20% 和 15%。25% 是普适性非常高的比例，适用于大多数企业；20% 适用于年所得额低于 6 万元（含 6 万元）的小型微利企业；15% 是国家实施的税收优惠政策，适用于国家重点扶持的高新技术企业。

8.5.4 个人所得税

个人所得税是调整征税机关与自然人（居民、非居民人）之间在个人所得税的征纳与管理过程中所发生的社会关系的法律规范的总称。是国家根据个人所得而征收的一种税种，征收对象是自然人（居民，非居民人）。

（1）个人所得税的征收范围

根据相关规定，企业有权从员工工资中代扣其个人所得税，因此，出纳在协助税务会计办理缴纳缴税工作时，需要先了解员工的个人所得税征收范围。个人所得税的征收范围如表 8-11 所示。

表 8–11　个人所得税的征收范围

项目	具体内容
工资薪金所得	是指个人因任职或者受雇而取得的工资薪金、奖金、年终加薪、劳动分红、津贴、补贴以及与任职或受雇有关的其他所得
经营所得	个体工商户从事工业、手工业、建筑业、交通运输业、商业、饮食业、服务业、修理业以及其他行业生产、经营取得的所得
	个人经政府有关部门批准，取得执照，从事办学、医疗、咨询以及其他有偿服务活动取得的所得
	上述个体工商户和个人取得的与生产、经营有关的各项应纳税所得
	个人因从事彩票代销业务而取得的所得
	其他个人从事个体工商业生产、经营取得的所得
	对企事业单位的承包经营、承租经营所得，是指个人承包经营、承租经营以及转包、转租取得的所得，包括个人按月或者按次取得的工资薪金性质的所得
劳动报酬所得	设计、装潢、安装、制图、化验、测试、医疗、法律、会计、咨询、讲学、新闻、广播、翻译、审稿、书画、雕刻、影视、录像、录音、演出、表演、广告、展览、技术服务、介绍服务、经纪服务、代办服务以及其他劳务取得的所得
稿酬所得	稿酬所得是指个人因其作品以图书、报刊形式出版、发表而取得的所得
特许权使用费所得	特许权使用费所得是指个人提供专利权、商标权、著作权、非专利技术以及其他特许权的使用权取得的所得。提供著作权的使用权取得的所得，不包括稿酬所得
利息、股息、红利所得	利息、股息、红利所得是指个人拥有债权、股权而取得的利息、股息、红利所得
财产租赁所得	财产租赁所得是指个人出租建筑物、机器设备、车船以及其他财产取得的所得
财产转让所得	财产转让所得是指个人转让有价证券、股权、建筑物、机器设备、车船以及其他生产取得的所得
偶然所得	偶然所得是指个人得奖、中奖、中彩以及其他偶然性质的所得

（2）个人所得税税率

为了更好地开展工作。出纳人员在了解个人所得税征收范围之后，还需要具体了解的税率。个人所得税税率是由国家统一规定的，根据 2018 年新的税法规定，个人所得税的征收实行综合和分类相结合的制度，工资薪金、劳务报酬，稿酬、特许权使用费实行统一征税，实行综合征收，其他实行分类征收。综合所得经营所得，在征收额度上采用超额累进税率制；利息、股息、红利所得，财产租赁所得，财产转让所得和偶然所得，采用比例税率。

①工资薪金、劳务报酬，稿酬、特许权使用费实行综合征税，具体分为7个级数，级数越高，税率越高，最低3%，最高45%，具体标准如表8-12所示。

表8-12 个人所得税税率表（适用于综合所得）

级数	全年应纳税所得额	税率 / %
1	不超过36000元的	3
2	超过36000～144000元的部分	10
3	超过144000～300000元的部分	20
4	超过300000～420000元的部分	25
5	超过420000～660000元的部分	30
6	超过660000～960000元的部分	35
7	超过960000元的部分	45

注：1. 本表所称全年应纳税所得额是指依照2018年8月31日通过的《中华人民共和国个人所得税法》第六条的规定，居民个人取得综合所得以每一纳税年度收入额减去费用六万元以及专项扣除、专项附加加除和依法确定的其他扣除后的余额。

2. 非居民个人取得工资 、薪金所得，劳务报酬所得，稿酬所得和特许权使用费所得，依照本表按月换算后计算应纳税额。

②个体工商户的生产、经营所得，事业单位的承包经营、承租经营所得税率具体分为5个级数，最低5%，最高35%，具体标准如表8-13所示。

表8-13 个人所得税税率表（适用于经营所得）

级数	全年应纳税所得额	税率 / %
1	不超过30000元的部分	5
2	超过30000～90000元的部分	10
3	超过90000～300000元的部分	20
4	超过300000～500000元的部分	30
5	超过500000元的部分	35

注：本表所称全年应纳税所得额是指依照2018年8月31日通过的《中华人民共和国个人所得税法》第六条规定，以每一纳税年度的收入总额减除成本、费用以及损失后的余额。

③利息、股息、红利所得，财产租赁所得，财产转让所得和偶然所得，采用比例税率，税率为20%。

计算公式：

应纳税额＝应纳税所得额 ×20%（应纳税所得额＝每次收入金额）

企业出纳人员很少涉及这部分税，在此可仅作了解。

个体商户所得税税率见表 8-14。

表 8–14 个体商户所得税税率

级数	含税级距	不含税级距	税率 /%
1	不超过 15000 元的部分	不超过 14250 元的部分	5
2	超过 15000 ~ 30000 元的部分	超过 14250 ~ 27750 元的部分	10
3	超过 30000 ~ 60000 元的部分	超过 27750 ~ 51750 元的部分	20
4	超过 60000 ~ 100000 元的部分	超过 51750 ~ 79750 元的部分	30
5	超过 100000 元的部分	超过 79750 元的部分	35

8.6 违反税款缴纳规定的行为

（1）欠税

欠税是指纳税人、扣缴义务人在规定的期限不缴或者少缴应纳或应缴的税款的行为。对于存在欠税行为的纳税人、扣缴义务人，国家税务机关应当责令其限期缴纳，逾期仍未缴纳的，国家税务机关除按照《税收征管法》第二十七条规定采取强制执行措施追缴其不缴或者少缴的税款外，并处以不缴或者少缴税款五倍以下的罚款。

纳税人欠缴应纳税款，采取转移或者隐匿财产的手段，致使国家税务机关无法追缴其欠缴的税款，数额在一万元以上的，除由国家税务机关追缴其欠缴的税款外，依照关于惩治偷税、抗税犯罪的补充规定第二条的规定处罚；数额不满一万元的，由国家税务机关追缴其欠缴的税款，并处以欠缴税款五倍以下的罚款。

代征人不缴或者少缴已代征税款，由国家税务机关追缴其不缴或者少缴的税款，并可以处以不缴或者少缴税款五倍以下的罚款。

（2） 未按规定扣缴、代征税款

未按规定扣缴、代征税款及其处罚扣缴义务人应扣未扣、应收未收税款的，由扣缴义务人缴纳应扣未扣、应收未收的税款。

但是，扣缴义务人已将纳税人拒绝代扣、代收的情况及时报告税务机关的除外。

代征人未按照委托代征证书的要求征收税款的，由代征人缴纳应征而未征或者少征的税款。受托代征人已将纳税人拒绝缴纳的情况或者其因故不能代征税款的情况及时报告税务机关的除外。

（3）偷税

偷税是指纳税人采取伪造、变造、隐匿、擅自销毁账簿、记账凭证，在账簿上多列支出或者不列、少列收入或者进行虚假的纳税申报的手段，不缴或者少缴应纳税款的行为。

偷税数额不满一万元或者偷税数额占应纳税额不到百分之十的，由国家税务机关追缴所偷税款，并处以所偷税款五倍以下的罚款。

偷税数额在一万元以上并且偷税额占应纳税额的百分之十以上的，以及因偷税被税务机关给予二次行政处罚又偷税的，除应依法补缴所偷税款外，由司法机关依法处罚。

扣缴义务人采取前项所列手段，不缴或者少缴已扣、已收税款，数额占应缴税额的百分之十以上并且数额在一万元以上的，除依法追缴税款外，由司法机关依法处罚；数额不满一万元或者数额占应纳税额不到百分之十的，由国家税务机关依法追缴其不缴或者少缴税款，并处以五倍以下的罚款。

（4）骗税

骗税是指企业事业单位采取对所生产或者经营的商品假报出口等欺骗手段，骗取国家出口退税款的行为。

骗税数额在一万元以下的，由国家税务机关追缴其骗取的出口退税款，并处以所骗税款五倍以下的罚款。

数额在一万元以上的，除由国家税务机关追缴其骗取的出口退税款外，由司法机关依法处罚。

企业事业单位以外的单位或个人骗取国家出口退税款的，除由税务机关追缴其骗取的退税款外，由司法机关依法处罚；数额较小，未构成犯罪的，由国家税务机关追缴其骗取的退税款，并处以骗取税款五倍以下的罚款。

（5）抗税

抗税是指以暴力、威胁方法拒不缴纳税款的行为。

抗税情节轻微，未构成犯罪的，由国家税务机关追缴其拒缴的税款，并处以拒缴税款五倍以下的罚款。

构成犯罪的，由司法机关依法处罚。

以暴力方法抗税致人重伤或者死亡的，由司法机关按照伤害罪、杀人罪从重处罚，并依照前项规定处以罚金。

本章常用单据模板索引

表 1 增值税的税率表

项目	简易计税	税率
小规模纳税人以及允许适用简易计税方式计税的一般纳税人	小规模纳税人销售货物或者加工、修理修配劳务，销售应税服务、无形资产；一般纳税人发生按规定适用或者可以选择适用简易计税方法计税的特定应税行为，但适用 5% 征收率的除外	3%
	销售不动产；符合条件的经营租赁不动产（土地使用权）；转让营改增前取得的土地使用权；房地产开发企业销售、出租自行开发的房地产老项目；符合条件的不动产融资租赁；选择差额纳税的劳务派遣、安全保护服务；一般纳税人提供人力资源外包服务	5%
	个人出租住房，按照 5% 的征收率减按 1.5% 计算应纳税额	5% 减按 1.5%
	销售自己使用过的固定资产、旧货，按照 3% 征收率减按 2% 征收	3% 减按 2%
一般纳税人	增值税项目	税率
	销售或者进口货物（另有列举的货物除外）；销售劳务	13%
	销售或者进口： 1. 粮食等农产品、食用植物油、食用盐； 2. 自来水、暖气、冷气、热水、煤气、石油液化气、天然气、二甲醚、沼气、居民用煤炭制品； 3. 图书、报纸、杂志、音像制品、电子出版物； 4. 饲料、化肥、农药、农机、农膜； 5. 国务院规定的其他货物	9%
	购进农产品进项税额扣除率	扣除率
	对增值税一般纳税人购进农产品，原适用 10% 扣除率的，扣除率调整为 9%	9%
	对增值税一般纳税人购进用于生产或者委托加工 13% 税率货物的农产品，按照 10% 扣除率计算进项税额	10%
序号	营改增项目	税率
1	陆路运输服务	9%
2	水路运输服务	9%
3	航空运输服务	9%
4	管道运输服务	9%

续表

序号	营改增项目	税率
5	邮政普遍服务	9%
6	邮政特殊服务	9%
7	其他邮政服务	9%
8	基础电信服务	9%
9	增值电信服务	6%
10	工程服务	9%
11	安装服务	9%
12	修缮服务	9%
13	装饰服务	9%
14	其他建筑服务	9%
15	贷款服务	6%
16	直接收费金融服务	6%
17	保险服务	6%
18	金融商品转让	6%
19	研发和技术服务	6%
20	信息技术服务	6%
21	文化创意服务	6%
22	物流辅助服务	6%
23	有形动产租赁服务	13%
24	不动产租赁服务	9%
25	鉴证咨询服务	6%
26	广播影视服务	6%
27	商务辅助服务	6%
28	其他现代服务	6%
29	文化体育服务	6%
30	教育医疗服务	6%
31	旅游娱乐服务	6%
32	餐饮住宿服务	6%
33	居民日常服务	6%
34	其他生活服务	6%
35	销售无形资产	6%
36	转让土地使用权	9%

续表

序号	营改增项目	税率
37	销售不动产	9%
38	在境内载运旅客或者货物出境	0
39	在境外载运旅客或者货物入境	0
40	在境外载运旅客或者货物	0
41	航天运输服务	0
42	向境外单位提供的完全在境外消费的研发服务	0
43	向境外单位提供的完全在境外消费的合同能源管理服务	0
44	向境外单位提供的完全在境外消费的设计服务	0
45	向境外单位提供的完全在境外消费的广播影视节目(作品)的制作和发行服务	0
46	向境外单位提供的完全在境外消费的软件服务	0
47	向境外单位提供的完全在境外消费的电路设计及测试服务	0
48	向境外单位提供的完全在境外消费的信息系统服务	0
49	向境外单位提供的完全在境外消费的业务流程管理服务	0
50	向境外单位提供的完全在境外消费的离岸服务外包业务	0
51	向境外单位提供的完全在境外消费的转让技术	0
52	财政部和国家税务总局规定的其他服务	0
53	销售或者进口货物	13%
54	粮食、食用植物油	9%
55	自来水、暖气、冷气、热水、煤气、石油液化气、天然气、沼气、居民用煤炭制品	9%
56	图书、报纸、杂志	9%
57	饲料、化肥、农药、农机、农膜	9%
58	农产品	9%
59	音像制品	9%
60	电子出版物	9%
61	二甲醚	9%
62	国务院规定的其他货物	9%
63	加工、修理修配劳务	13%
64	出口货物	0

表 2 中华人民共和国企业所得税月（季）度预缴和年度纳税申报表（A 类）

税款所属期间：　　年　月　日至　　年　月　日

纳税人识别号（统一社会信用代码）：□□□□□□□□□□□□□□□□□□□□

纳税人名称：　　　　　　　　　　　　　　　　　金额单位：人民币元（列至角分）

预缴方式	□ 按照实际利润额预缴	□ 按照上一纳税年度应纳税所得额平均额预缴	□ 按照税务机关确定的其他方法预缴
企业类型	□ 一般企业	□ 跨地区经营汇总纳税企业总机构	□ 跨地区经营汇总纳税企业分支机构

预缴税款计算		
行次	**项　目**	**本年累计金额**
1	营业收入	
2	营业成本	
3	利润总额	
4	加：特定业务计算的应纳税所得额	
5	减：不征税收入	
6	减：免税收入、减计收入、所得减免等优惠金额（填写 A201010）	
7	减：固定资产加速折旧（扣除）调减额（填写 A201020）	
8	减：弥补以前年度亏损	
9	实际利润额（3 行 +4 行 -5 行 -6 行 -7 行 -8 行）/ 按照上一纳税年度应纳税所得额平均额确定的应纳税所得额	
10	税率 (25%)	
11	应纳所得税额（9 行 ×10 行）	
12	减：减免所得税额（填写 A201030）	
13	减：实际已缴纳所得税额	
14	减：特定业务预缴（征）所得税额	
15	本期应补（退）所得税额（11 行 -12 行 -13 行 -14 行）/ 税务机关确定的本期应纳所得税额	

续表

<table>
<tr><td colspan="4">汇总纳税企业总分机构税款计算</td></tr>
<tr><td>16</td><td rowspan="4">总机构填报</td><td>总机构本期分摊应补(退)所得税额(17 行 +18 行 +19 行)</td><td></td></tr>
<tr><td>17</td><td>其中：总机构分摊应补（退）所得税额（15 行 × 总机构分摊比例 __%）</td><td></td></tr>
<tr><td>18</td><td>财政集中分配应补（退）所得税额（15 行 × 财政集中分配比例 __%）</td><td></td></tr>
<tr><td>19</td><td>总机构具有主体生产经营职能的部门分摊所得税额（15 行 × 全部分支机构分摊比例 __%× 总机构具有主体生产经营职能部门分摊比例 __%)</td><td></td></tr>
<tr><td>20</td><td rowspan="2">分支机构填报</td><td>分支机构本期分摊比例</td><td></td></tr>
<tr><td>21</td><td>分支机构本期分摊应补（退）所得税额</td><td></td></tr>
</table>

<table>
<tr><td colspan="4">附　报　信　息</td></tr>
<tr><td>高新技术企业</td><td>□ 是　　□ 否</td><td>科技型中小企业</td><td>□ 是　　□ 否</td></tr>
<tr><td>技术入股递延纳税事项</td><td>□ 是　　□ 否</td><td></td><td></td></tr>
<tr><td colspan="4">按季度填报信息</td></tr>
<tr><td>季初从业人数</td><td></td><td>季末从业人数</td><td></td></tr>
<tr><td>季初资产总额（万元）</td><td></td><td>季末资产总额（万元）</td><td></td></tr>
<tr><td>国家限制或禁止行业</td><td>□ 是　　□ 否</td><td>小型微利企业</td><td>□ 是　　□ 否</td></tr>
<tr><td colspan="4">谨声明：本纳税申报表是根据国家税收法律法规及相关规定填报的，是真实的、可靠的、完整的。
纳税人（签章）：　　　年　　月　　日</td></tr>
<tr><td colspan="2">经办人：
经办人身份证号：
代理机构签章：
代理机构统一社会信用代码：</td><td colspan="2">受理人：
受理税务机关（章）：
受理日期：　　年　　月　　日</td></tr>
</table>

国家税务总局监制

表3 中华人民共和国企业所得税月（季）度预缴和年度纳税申报表（B类）

税款所属期间：　　年　　月　　日至　　年　　月　　日

纳税人识别号（统一社会信用代码）：□□□□□□□□□□□□□□□□□□□□

纳税人名称：　　　　　　　　　　金额单位：人民币元（列至角分）

核定征收方式	□ 核定应税所得率（能核算收入总额的） □ 核定应税所得率（能核算成本费用总额的） □ 核定应纳所得税额	
行次	**项　　目**	**本年累计金额**
1	收入总额	
2	减：不征税收入	
3	减：免税收入（4 行 +5 行 +8 行 +9 行）	
4	国债利息收入免征企业所得税	
5	符合条件的居民企业之间的股息、红利等权益性投资收益免征企业所得税	
6	其中：通过沪港通投资且连续持有 H 股满 12 个月取得的股息红利所得免征企业所得税	
7	通过深港通投资且连续持有 H 股满 12 个月取得的股息红利所得免征企业所得税	
8	投资者从证券投资基金分配中取得的收入免征企业所得税	
9	取得的地方政府债券利息收入免征企业所得税	
10	应税收入额（1 行 -2 行 -3 行）/ 成本费用总额	
11	税务机关核定的应税所得率（%）	

续表

行次	项 目	本年累计金额
12	应纳税所得额（10 行 ×11 行）/ [第 10 行 / （1-第 11 行）× 第 11 行]	
13	税率（25%）	
14	应纳所得税额（12 行 ×13 行）	
15	减：符合条件的小型微利企业减免企业所得税	
16	减：实际已缴纳所得税额	
17	本期应补（退）所得税额（14 行-15 行-16 行）/ 税务机关核定本期应纳所得税额	

<table>
<tr><th colspan="4">按季度填报信息</th></tr>
<tr><td>季初从业人数</td><td></td><td>季末从业人数</td><td></td></tr>
<tr><td>季初资产总额（万元）</td><td></td><td>季末资产总额（万元）</td><td></td></tr>
<tr><td>国家限制或禁止行业</td><td>□ 是 □ 否</td><td>小型微利企业</td><td>□ 是 □ 否</td></tr>
<tr><th colspan="4">按年度填报信息</th></tr>
<tr><td>小型微利企业</td><td>□ 是 □ 否</td><td></td><td></td></tr>
<tr><td colspan="4">谨声明：本纳税申报表是根据国家税收法律法规及相关规定填报的，是真实的、可靠的、完整的。
纳税人（签章）： 年 月 日</td></tr>
<tr><td colspan="2">经办人：
经办人身份证号：
代理机构签章：
代理机构统一社会信用代码：</td><td colspan="2">受理人：
受理税务机关（章）：
受理日期： 年 月 日</td></tr>
</table>

国家税务总局监制

表4 企业所得税年度纳税申报表——职工薪酬支出及纳税调整明细表

行次	项目	账载金额	实际发生额	税收规定扣除率	以前年度累计结转扣除额	税收金额	纳税调整金额	累计结转以后年度扣除额
		1	2	3	4	5	6（1-5）	7（2+4-5）
1	一、工资薪金支出			*	*			*
2	其中：股权激励			*	*			*
3	二、职工福利费支出				*			*
4	三、职工教育经费支出			*				
5	其中：按税收规定比例扣除的职工教育经费							
6	按税收规定全额扣除的职工培训费用				*			*
7	四、工会经费支出				*			*
8	五、各类基本社会保障性缴款			*	*			*
9	六、住房公积金			*	*			*
10	七、补充养老保险				*			*
11	八、补充医疗保险				*			*
12	九、其他			*	*			*
13	合计（1+3+4+7+8+9+10+11+12）			*				

注：*代表无需填写。

表 5 企业所得税年度纳税申报表——企业所得税弥补亏损明细表

行次	项目	年度	当年境内所得额	分立转出的亏损额	合并、分立转入的亏损额		弥补亏损企业类型	当年亏损额	当年待弥补的亏损额	用本年度所得额弥补的以前年度亏损额		当年可结转以后年度弥补的亏损额
					可弥补年限 5 年	可弥补年限 10 年				使用境内所得弥补	使用境外所得弥补	
		1	2	3	4	5	6	7	8	9	10	11
1	前十年度											
2	前九年度											
3	前八年度											
4	前七年度											
5	前六年度											
6	前五年度											
7	前四年度											
8	前三年度											
9	前二年度											
10	前一年度											
11	本年度											
12	可结转以后年度弥补的亏损额合计											

表 6　企业所得税年度纳税申报表——所得减免优惠明细表

行次	减免项目	项目名称	优惠事项名称	优惠方式	项目收入	项目成本	相关税费	应分摊期间费用	纳税调整额	项目所得额		减免所得额
										免税项目	减半项目	
		1	2	3	4	5	6	7	8	9	10	11（9+10×50%）
1	一、农、林、牧、渔业项目											
2												
3		小计	*	*								
4	二、国家重点扶持的公共基础设施项目											
5												
6		小计	*	*								
7	三、符合条件的环境保护、节能节水项目											
8												
9		小计	*	*								
10	四、符合条件的技术转让项目		*	*						*	*	*
11			*	*						*	*	*
12		小计	*	*								
13	五、清洁发展机制项目		*									
14			*									
15		小计	*	*								

续表

行次	减免项目	项目名称	优惠事项名称	优惠方式	项目收入	项目成本	相关税费	应分摊期间费用	纳税调整额	项目所得额		减免所得额
										免税项目	减半项目	
		1	2	3	4	5	6	7	8	9	10	11（9+10×50%）
16	六、符合条件的节能服务公司实施的合同能源管理项目		*									
17			*									
18		小计	*	*								
19	七、线宽小于130纳米的集成电路生产项目		*									
20			*									
21		小计	*	*								
22	八、线宽小于65纳米或投资额超过150亿元的集成电路生产项目		*									
23			*									
24		小计	*	*								
25	九、其他											
26												
27		小计	*	*								
28	合计	*	*	*								

注：* 表示无需填写。

表7 企业所得税年度纳税申报表——减免所得税优惠明细表

行次	项目	金额
1	一、符合条件的小型微利企业减免企业所得税	
2	二、国家需要重点扶持的高新技术企业减按15%的税率征收企业所得税（填写A107041）	
3	三、经济特区和上海浦东新区新设立的高新技术企业在区内取得的所得定期减免企业所得税（填写A107041）	
4	四、受灾地区农村信用社免征企业所得税	
5	五、动漫企业自主开发、生产动漫产品定期减免企业所得税	
6	六、线宽小于0.8微米（含）的集成电路生产企业减免企业所得税（填写A107042）	
7	七、线宽小于0.25微米的集成电路生产企业减按15%税率征收企业所得税（填写A107042）	
8	八、投资额超过80亿元的集成电路生产企业减按15%税率征收企业所得税（填写A107042）	
9	九、线宽小于0.25微米的集成电路生产企业减免企业所得税（填写A107042）	
10	十、投资额超过80亿元的集成电路生产企业减免企业所得税（填写A107042）	
11	十一、新办集成电路设计企业减免企业所得税（填写A107042）	
12	十二、国家规划布局内集成电路设计企业可减按10%的税率征收企业所得税（填写A107042）	
13	十三、符合条件的软件企业减免企业所得税（填写A107042）	
14	十四、国家规划布局内重点软件企业可减按10%的税率征收企业所得税（填写A107042）	
15	十五、符合条件的集成电路封装、测试企业定期减免企业所得税（填写A107042）	
16	十六、符合条件的集成电路关键专用材料生产企业、集成电路专用设备生产企业定期减免企业所得税（填写A107042）	
17	十七、经营性文化事业单位转制为企业的免征企业所得税	

续表

行次	项　　目	金额
18	十八、符合条件的生产和装配伤残人员专门用品企业免征企业所得税	
19	十九、技术先进型服务企业减按 15% 的税率征收企业所得税	
20	二十、服务贸易类技术先进型服务企业减按 15% 的税率征收企业所得税	
21	二十一、设在西部地区的鼓励类产业企业减按 15% 的税率征收企业所得税	
22	二十二、新疆困难地区新办企业定期减免企业所得税	
23	二十三、新疆喀什、霍尔果斯特殊经济开发区新办企业定期免征企业所得税	
24	二十四、广东横琴、福建平潭、深圳前海等地区的鼓励类产业企业减按 15% 税率征收企业所得税	
25	二十五、北京冬奥组委、北京冬奥会测试赛赛事组委会免征企业所得税	
26	二十六、线宽小于 130 纳米的集成电路生产企业减免企业所得税（填写 A107042）	
27	二十七、线宽小于 65 纳米或投资额超过 150 亿元的集成电路生产企业减免企业所得税（填写 A107042）	
28	二十八、其他	
29	二十九、减：项目所得额按法定税率减半征收企业所得税叠加享受减免税优惠	
30	三十、支持和促进重点群体创业就业企业限额减征企业所得税 (30.1+30.2)	
30.1	（一）下岗失业人员再就业	
30.2	（二）高校毕业生就业	
31	三十一、扶持自主就业退役士兵创业就业企业限额减征企业所得税	
32	三十二、民族自治地方的自治机关对本民族自治地方的企业应缴纳的企业所得税中属于地方分享的部分减征或免征（☐ 免征 ☐ 减征：减征幅度 ____%）	
33	合计（1+2+…+28-29+30+31+32）	

表8 企业所得税年度纳税申报表——免税、减计收入及加计扣除优惠明细表

行次	项　　目	金额
1	一、免税收入（2+3+6+7+8+9+10+11+12+13+14+15+16）	
2	（一）国债利息收入免征企业所得税	
3	（二）符合条件的居民企业之间的股息、红利等权益性投资收益免征企业所得税（填写A107011）	
4	其中：内地居民企业通过沪港通投资且连续持有H股满12个月取得的股息红利所得免征企业所得税（填写A107011）	
5	内地居民企业通过深港通投资且连续持有H股满12个月取得的股息红利所得免征企业所得税（填写A107011）	
6	（三）符合条件的非营利组织的收入免征企业所得税	
7	（四）符合条件的非营利组织（科技企业孵化器）的收入免征企业所得税	
8	（五）符合条件的非营利组织（国家大学科技园）的收入免征企业所得税	
9	（六）中国清洁发展机制基金取得的收入免征企业所得税	
10	（七）投资者从证券投资基金分配中取得的收入免征企业所得税	
11	（八）取得的地方政府债券利息收入免征企业所得税	
12	（九）中国保险保障基金有限责任公司取得的保险保障基金等收入免征企业所得税	
13	（十）中国奥委会取得北京冬奥组委支付的收入免征企业所得税	
14	（十一）中国残奥委会取得北京冬奥组委分期支付的收入免征企业所得税	
15	（十二）其他1	
16	（十三）其他2	
17	二、减计收入（18+19+23+24）	
18	（一）综合利用资源生产产品取得的收入在计算应纳税所得额时减计收入	
19	（二）金融、保险等机构取得的涉农利息、保费减计收入（20+21+22）	

续表

行次	项　　目	金额
20	1. 金融机构取得的涉农贷款利息收入在计算应纳税所得额时减计收入	
21	2. 保险机构取得的涉农保费收入在计算应纳税所得额时减计收入	
22	3. 小额贷款公司取得的农户小额贷款利息收入在计算应纳税所得额时减计收入	
23	（三）取得铁路债券利息收入减半征收企业所得税	
24	（四）其他	
25	三、加计扣除（26+27+28+29+30）	
26	（一）开发新技术、新产品、新工艺发生的研究开发费用加计扣除（填写 A107012）	
27	（二）科技型中小企业开发新技术、新产品、新工艺发生的研究开发费用加计扣除（填写 A107012）	
28	（三）企业为获得创新性、创意性、突破性的产品进行创意设计活动而发生的相关费用加计扣除	
29	（四）安置残疾人员所支付的工资加计扣除	
30	（五）其他	
31	合计（1+17+25）	

表 9　企业所得税年度纳税申报表——高新技术企业优惠情况及明细表

<table>
<tr><th colspan="5">税收优惠基本信息</th></tr>
<tr><td>1</td><td rowspan="3">企业主要产品(服务)发挥核心支持作用的技术所属范围</td><td rowspan="3">国家重点支持的高新技术领域</td><td>一级领域</td><td></td></tr>
<tr><td>2</td><td>二级领域</td><td></td></tr>
<tr><td>3</td><td>三级领域</td><td></td></tr>
<tr><th colspan="5">税收优惠有关情况</th></tr>
<tr><td>4</td><td rowspan="7">收入指标</td><td colspan="2">一、本年高新技术产品（服务）收入（5+6）</td><td></td></tr>
<tr><td>5</td><td colspan="2">其中：产品（服务）收入</td><td></td></tr>
<tr><td>6</td><td colspan="2">技术性收入</td><td></td></tr>
<tr><td>7</td><td colspan="2">二、本年企业总收入 (8−9)</td><td></td></tr>
<tr><td>8</td><td colspan="2">其中：收入总额</td><td></td></tr>
<tr><td>9</td><td colspan="2">不征税收入</td><td></td></tr>
<tr><td>10</td><td colspan="2">三、本年高新技术产品（服务）收入占企业总收入的比例（4÷7）</td><td></td></tr>
</table>

续表

税收优惠有关情况						
11	人员指标	四、本年科技人员数				
12		五、本年职工总数				
13		六、本年科技人员占企业当年职工总数的比例（11÷12）				
14	研发费用指标	高新研发费用归集年度	本年度	前一年度	前二年度	合计
			1	2	3	4
15		七、归集的高新研发费用金额（16+25）				
16		（一）内部研究开发投入（17+…+22+24）				
17		1. 人员人工费用				
18		2. 直接投入费用				
19		3. 折旧费用与长期待摊费用				
20		4. 无形资产摊销费用				
21		5. 设计费用				
22		6. 装备调试费与实验费用				
23		7. 其他费用				
24		其中：可计入研发费用的其他费用				
25		（二）委托外部研发费用［（26+28）×80%］				
26		1. 境内的外部研发费				
27		2. 境外的外部研发费				
28		其中：可计入研发费用的境外的外部研发费				
29		八、销售（营业）收入				
30		九、三年研发费用占销售（营业）收入的比例（15行4列÷29行4列）				
31	减免税额	十、国家需要重点扶持的高新技术企业减征企业所得税				
32		十一、经济特区和上海浦东新区新设立的高新技术企业定期减免税额				

表 10　企业所得税年度纳税申报表——软件、集成电路企业优惠情况及明细表

<table>
<tr><td colspan="5">税收优惠基本信息</td></tr>
<tr><td colspan="2">减免方式 1</td><td></td><td>获利年度 \ 开始计算优惠期年度 1</td><td></td></tr>
<tr><td colspan="2">减免方式 2</td><td></td><td>获利年度 \ 开始计算优惠期年度 2</td><td></td></tr>
<tr><td colspan="5">税收优惠有关情况</td></tr>
<tr><td>行次</td><td colspan="3">项　　目</td><td>金额（数量等）</td></tr>
<tr><td>1</td><td rowspan="5">人员指标</td><td colspan="2">一、企业本年月平均职工总人数</td><td></td></tr>
<tr><td>2</td><td colspan="2">其中：签订劳动合同关系且具有大学专科以上学历的职工人数</td><td></td></tr>
<tr><td>3</td><td colspan="2">研究开发人员人数</td><td></td></tr>
<tr><td>4</td><td colspan="2">二、大学专科以上职工占企业本年月平均职工总人数的比例（2÷1）</td><td></td></tr>
<tr><td>5</td><td colspan="2">三、研究开发人员占企业本年月平均职工总人数的比例（3÷1）</td><td></td></tr>
<tr><td>6</td><td rowspan="4">研发费用指标</td><td colspan="2">四、研发费用总额</td><td></td></tr>
<tr><td>7</td><td colspan="2">其中：企业在中国境内发生的研发费用金额</td><td></td></tr>
<tr><td>8</td><td colspan="2">五、研发费用占销售（营业）收入的比例</td><td></td></tr>
<tr><td>9</td><td colspan="2">六、境内研发费用占研发费用总额的比例（7÷6）</td><td></td></tr>
<tr><td>10</td><td rowspan="12">收入指标</td><td colspan="2">七、企业收入总额</td><td></td></tr>
<tr><td>11</td><td colspan="2">八、符合条件的销售（营业）收入</td><td></td></tr>
<tr><td>12</td><td colspan="2">九、符合条件的收入占收入总额的比例（11÷10）</td><td></td></tr>
<tr><td>13</td><td rowspan="2">十、集成电路设计企业、软件企业填报</td><td>（一）自主设计 / 开发销售（营业）收入</td><td></td></tr>
<tr><td>14</td><td>（二）自主设计 / 开发收入占企业收入总额的比例（13÷10）</td><td></td></tr>
<tr><td>15</td><td rowspan="3">十一、重点软件企业或重点集成电路设计企业符合“领域”的填报</td><td>（一）适用的领域</td><td></td></tr>
<tr><td>16</td><td>（二）适用领域的销售（营业）收入</td><td></td></tr>
<tr><td>17</td><td>（三）领域内的销售收入占符合条件的销售收入的比例（16÷11）</td><td></td></tr>
<tr><td>18</td><td rowspan="3">十二、重点软件企业符合“出口”的填报</td><td>（一）年度软件出口收入总额（美元）</td><td></td></tr>
<tr><td>19</td><td>（二）年度软件出口收入总额（人民币）</td><td></td></tr>
<tr><td>20</td><td>（三）软件出口收入总额占本企业年度收入总额的比例（19÷10）</td><td></td></tr>
<tr><td>21</td><td>十三、集成电路关键专用材料或专用设备生产企业填报</td><td>产品适用目录</td><td></td></tr>
<tr><td>22</td><td colspan="3">减免税额</td><td></td></tr>
</table>

表 11　企业所得税年度纳税申报表——研发费用加计扣除优惠明细表

行次	项　目	金额（数量）
1	本年可享受研发费用加计扣除项目数量	
2	一、自主研发、合作研发、集中研发（3+7+16+19+23+34）	
3	（一）人员人工费用（4+5+6）	
4	1. 直接从事研发活动人员工资薪金	
5	2. 直接从事研发活动人员五险一金	
6	3. 外聘研发人员的劳务费用	
7	（二）直接投入费用（8+9+10+11+12+13+14+15）	
8	1. 研发活动直接消耗材料费用	
9	2. 研发活动直接消耗燃料费用	
10	3. 研发活动直接消耗动力费用	
11	4. 用于中间试验和产品试制的模具、工艺装备开发及制造费	
12	5. 用于不构成固定资产的样品、样机及一般测试手段购置费	
13	6. 用于试制产品的检验费	
14	7. 用于研发活动的仪器、设备的运行维护、调整、检验、维修等费用	
15	8. 通过经营租赁方式租入的用于研发活动的仪器、设备租赁费	
16	（三）折旧费用（17+18）	
17	1. 用于研发活动的仪器的折旧费	
18	2. 用于研发活动的设备的折旧费	
19	（四）无形资产摊销（20+21+22）	
20	1. 用于研发活动的软件的摊销费用	
21	2. 用于研发活动的专利权的摊销费用	
22	3. 用于研发活动的非专利技术（包括许可证、专有技术、设计和计算方法等）的摊销费用	
23	（五）新产品设计费等（24+25+26+27）	
24	1. 新产品设计费	
25	2. 新工艺规程制定费	
26	3. 新药研制的临床试验费	
27	4. 勘探开发技术的现场试验费	

续表

行次	项　　目	金额（数量）
28	（六）其他相关费用 (29+30+31+32+33)	
29	1. 技术图书资料费、资料翻译费、专家咨询费、高新科技研发保险费	
30	2. 研发成果的检索、分析、评议、论证、鉴定、评审、评估、验收费用	
31	3. 知识产权的申请费、注册费、代理费	
32	4. 职工福利费、补充养老保险费、补充医疗保险费	
33	5. 差旅费、会议费	
34	（七）经限额调整后的其他相关费用	
35	二、委托研发 (36+37+39)	
36	（一）委托境内机构或个人进行研发活动所发生的费用	
37	（二）委托境外机构进行研发活动发生的费用	
38	其中：允许加计扣除的委托境外机构进行研发活动发生的费用	
39	（三）委托境外个人进行研发活动发生的费用	
40	三、年度研发费用小计 (2+36×80%+38)	
41	（一）本年费用化金额	
42	（二）本年资本化金额	
43	四、本年形成无形资产摊销额	
44	五、以前年度形成无形资产本年摊销额	
45	六、允许扣除的研发费用合计（41+43+44）	
46	减：特殊收入部分	
47	七、允许扣除的研发费用抵减特殊收入后的金额 (45-46)	
48	减：当年销售研发活动直接形成产品（包括组成部分）对应的材料部分	
49	减：以前年度销售研发活动直接形成产品（包括组成部分）对应材料部分结转金额	
50	八、加计扣除比例（%）	
51	九、本年研发费用加计扣除总额（47-48-49）×50	
52	十、销售研发活动直接形成产品（包括组成部分）对应材料部分结转以后年度扣减金额（当 47-48-49 ≥ 0，本行＝0；当 47-48-49 < 0，本行＝47-48-49 的绝对值）	

表 12 企业所得税年度纳税申报表——资产折旧、摊销及纳税调整明细表

行次	项目		账载金额			税收金额					纳税调整金额
			资产原值	本年折旧、摊销额	累计折旧、摊销额	资产计税基础	税收折旧、摊销额	享受加速折旧政策的资产按税收一般规定计算的折旧、摊销额	加速折旧、摊销统计额	累计折旧、摊销额	
			1	2	3	4	5	6	7＝5-6	8	9(2-5)
1	一、固定资产（2+3+4+5+6+7）							*	*		
2	所有固定资产	（一）房屋、建筑物						*	*		
3		（二）飞机、火车、轮船、机器、机械和其他生产设备						*	*		
4		（三）与生产经营活动有关的器具、工具、家具等						*	*		
5		（四）飞机、火车、轮船以外的运输工具						*	*		
6		（五）电子设备						*	*		
7		（六）其他						*	*		
8	其中：享受固定资产加速折旧及一次性扣除政策的资产加速折旧额大于一般折旧额的部分	（一）重要行业固定资产加速折旧（不含一次性扣除）									*
9		（二）其他行业研发设备加速折旧									*
10		（三）固定资产一次性扣除									*
11		（四）技术进步、更新换代固定资产									*
12		（五）常年强震动、高腐蚀固定资产									*
13		（六）外购软件折旧									*
14		（七）集成电路企业生产设备									*

续表

15	二、生产性生物资产（16+17）						*	*		
16	（一）林木类						*	*		
17	（二）畜类						*	*		
18	三、无形资产（19+20+21+22+23+24+25+27）						*	*		
19	（一）专利权						*	*		
20	（二）商标权						*	*		
21	（三）著作权						*	*		
22	（四）土地使用权						*	*		
23	（五）非专利技术						*	*		
24	（六）特许权使用费						*	*		
25	（七）软件						*	*		
26	其中：享受企业外购软件加速摊销政策									*
27	（八）其他						*	*		
28	四、长期待摊费用（29+30+31+32+33）						*	*		
29	（一）已足额提取折旧的固定资产的改建支出						*	*		
30	（二）租入固定资产的改建支出						*	*		
31	（三）固定资产的大修理支出						*	*		
32	（四）开办费						*	*		
33	（五）其他						*	*		
34	五、油气勘探投资						*	*		
35	六、油气开发投资						*	*		
36	合计（1+15+18+28+34+35）									
附列资料	全民所有制企业公司制改制资产评估增值政策资产						*	*		

注：* 号表示无需填写。

表 13　企业所得税年度纳税申报表——资产损失税前扣除及纳税调整明细表

行次	项目	资产损失的账载金额	资产处置收入	赔偿收入	资产计税基础	资产损失的税收金额	纳税调整金额
		1	2	3	4	5（4−2−3）	6（1−5）
1	一、现金及银行存款损失						
2	二、应收及预付款项坏账损失						
3	其中：逾期三年以上的应收款项损失						
4	逾期一年以上的小额应收款项损失						
5	三、存货损失						
6	其中：存货盘亏、报废、损毁、变质或被盗损失						
7	四、固定资产损失						
8	其中：固定资产盘亏、丢失、报废、损毁或被盗损失						
9	五、无形资产损失						
10	其中：无形资产转让损失						
11	无形资产被替代或超过法律保护期限形成的损失						
12	六、在建工程损失						
13	其中：在建工程停建、报废损失						
14	七、生产性生物资产损失						

续表

行次	项目	资产损失的账载金额	资产处置收入	赔偿收入	资产计税基础	资产损失的税收金额	纳税调整金额
		1	2	3	4	5(4-2-3)	6(1-5)
15	其中：生产性生物资产盘亏、非正常死亡、被盗、丢失等产生的损失						
16	八、债权性投资损失 (17+22)						
17	（一）金融企业债权性投资损失（18+21）						
18	1. 符合条件的涉农和中小企业贷款损失						
19	其中：单户贷款余额 300 万（含）以下的贷款损失						
20	单户贷款余额 300 万元至 1000 万元（含）的 贷款损失						
21	2. 其他债权性投资损失						
22	（二）非金融企业债权性投资损失						
23	九、股权（权益）性投资损失						
24	其中：股权转让损失						
25	十、通过各种交易场所、市场买卖债券、股票、期货、基金以及金融衍生产品等发生的损失						
26	十一、打包出售资产损失						
27	十二、其他资产损失						
28	合计（1+2+5+7+9+12+14+16+23+25+26+27）						
29	其中：分支机构留存备查的资产损失						

表 14 企业所得税年度纳税申报表——境外分支机构弥补亏损明细表

行次	国家（地区）	非实际亏损额的弥补				实际亏损额的弥补			
		以前年度结转尚未弥补的非实际亏损额	本年发生的非实际亏损额	本年弥补的以前年度非实际亏损额	结转以后年度弥补的非实际亏损额	以前年度结转尚未弥补的实际亏损额	本年发生的实际亏损额	本年弥补的以前年度实际亏损额	结转以后年度弥补的实际亏损额
	1	2	3	4	5（2+3-4）	6	7	8	9
1									
2									
3									
4									
5									
6									
7									
8									
9									
合计									

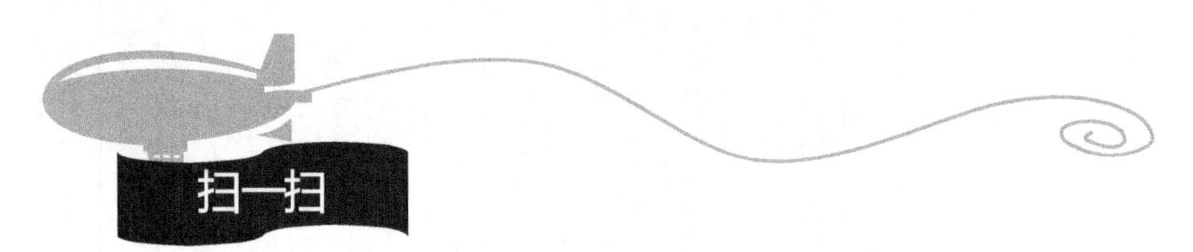

可下载本章电子版表格模板

第9章

辅助缴纳社保

同做缴税工作一样，对出纳人员来说办理社保也是一项辅助性工作。社保的办理通常由人力资源部门下的社保管理人员来做，但在有些企业，尤其是人力资源建设不健全的企业，往往不会专设社保管理人员，而统一归财务部管理，出纳人员则是具体执行者。因此，出纳人员必须了解社保的办理规定、流程以及财务处理等。

• • •

9.1 掌握社保的主要内容

社保是社会保险的简称，由政府统一规定，强制要求被保险人将其收入的一部分以社会保险税（费）的形式交纳形成社会保险基金，在满足一定条件的情况后，被保险人可从基金获得固定的收入或补偿。

社保基金由用人单位和被保险人共同承担，按照国家规定，用人单位有义务为所雇佣的员工缴纳社会保险。如果不按规定缴纳各项社会保险将承担相应责任。社会保险主要内容包括养老保险、医疗保险、失业保险、工伤保险、生育保险等五项。

现实中，越是大企业，对员工的社保重视程度越高。完善的社保制度已经成为企业软实力的重要体现。社保的派生作用也越发强大，甚至与买房买车资格挂钩，具体来说，这 5 个险种的用途如表 9-1 所示。

表 9–1 五险的用途

种类	基础用途	派生用途
养老保险	退休后领取养老金，丧葬费、抚血金等	买房 买车 子女上学 落户 商业贷款
医疗保险	医疗报销和退休后享受医保待遇	
失业保险	失业后领失业保险金，医疗费补贴	
工伤保险	支付治疗费用、生活护理费用，伤残补助和津贴	
生育保险	产假工资、生育津贴和补助金	

9.2 明确社保办理的流程

按照社会保险有关的法律、法规和政策规定，企业应当自领取营业执照，或新入员工在入职起 30 日内为员工办理社保手续。

出纳需要做的是，及时向所属社保经（代）办机构提出申请，领取社会保险登记表及在职员工增减异动明细表（一式两份）进行保险登记，提交所需的资料，建立单位缴费信息数据库。

具体流程如图 9-1 所示。

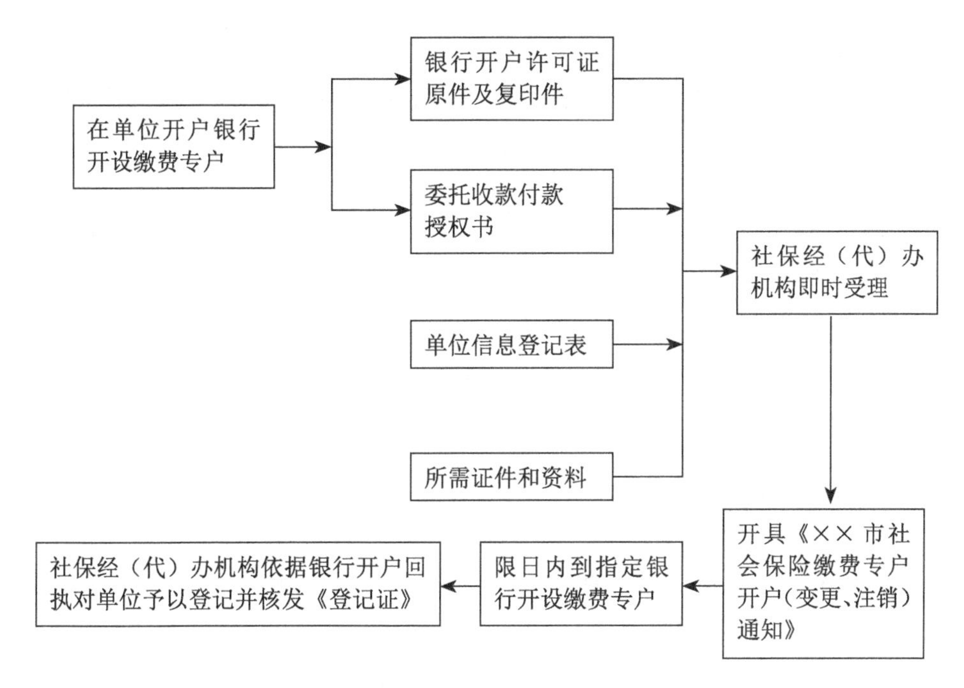

图 9-1　办理社保的流程

9.3　社保登记所提交的资料

进行社保登记应提供所需资料包括企业营业执照（副本）或其他核准执业或成立证件（企业代理法人身份证复印件）；中华人民共和国组织机构代码证；地税登记证以及其他附加资料。

有部分地区还需要提交附加资料，附加资料因企业性质不同，具体要求也不同，具体如表 9-2 所示。

表 9-2　不同性质的企业进行社保登记所需的附加材料

企业性质	所需附加材料
私营企业	相关证件无法清楚地认定其单位性质，应补报能证明其私营性质的相关资料（如：工商部门的证明、国税登记证、验资报告等）
事业单位	应附有关事业单位成立的文件批复
驻地办事处	应附总公司或总机构的授权书

以上所需资料是社保登记所需的资料，但在特定的险种办理上，还需要提供特殊的资料。如在为员工办理医疗保险、失业保险、工伤保险、生育保险时，以上资料是远远不够的，还需要针对参保人的具体情况而定。具体如下。

（1）医疗保险

办理医疗保险时，最好先到医疗保险中心了解参保前后需要填写的表格、流程及其他。具体的报送资料如表 9-3 所示。

表 9-3 医疗保险办理所需材料

1.《参保单位基本情况登记表》一式两份
2.“人员基础信息”拷贝文件（软盘或 U 盘报送）
3. 三证合一（营业执照、批准成立文件或其他核准执业证件、组织机构代码证书）、上年度员工工资花名册、机关养老或统筹办核准的退休人员退休金审批表（以上资料均需携带原件、复印件）

经营较困难企业参保除报送以上资料外，还须报送会计报表、劳动情况年报表、单位经营情况说明、员工大会决议、城镇员工基本医疗保险困难企业缴费标准资格申请表。

退休人员占总职员工数比例超过 30% 以上的企业，除报送以上资料外，还须为超过 30% 以上的人员缴纳一次性过渡基本医疗保险费，而后方可办理参保手续。

破产企业为退休人员办理参保须报送退休人员花名册、养老经办机构提供的养老金发放标准、破产清算组提供参保申请、法院裁决书，并一次缴足退休人员 10 年的基本医疗保险费（上年度退休人员人均医疗费）。

准备齐全资料后，在规定时间内到医保中心征缴大厅窗口办理，经审核无误后，签订“用人单位参保协议书”，医保中心纳入次月参保计划；用人单位在收到“银行委托收款凭证”足额划拨医疗保险费后，凭凭证原件、复印件，携带参保人员一寸彩色照片，到医保中心相关科室领取医疗保险手册和 IC 卡。

（2）失业保险

用人单位应于失业人员“终止或解除员工劳动关系的证明（决定）”下达七日内，报送有关资料到失业员工管理处管理科备案，领取《失业员工审核登记表》，并于 15 天内前来办理失业人员登记手续。

办理失业登记手续时，应出示的相关材料如表 9-4 所示。

表 9–4　办理失业登记手续时所需的材料

1. 失业保险《审核证》
2.《失业员工审核登记表》一式三份，各贴一张一寸免冠相片
3. 员工个人档案
4. 单位出具的终止或解除劳动关系的证明（决定）
5. 养老统筹个人报停表
6. 招工表、转业退伍安置手续、大中专技校毕业生“派遣证”
7. 经劳动仲裁部门鉴证的“劳动合同书”

然后将办好的《失业证》等手续及时送交失业人员，并告知其有关注意事项。失业人员应在终止或解除劳动关系之日起 60 日内持《失业证》《失业人员待遇审批通知单》，到户口所在地失业员工管理所报到，并按规定审领失业保险。

（3）工伤保险

各类企业、有雇工的个体工商户自领取营业执照之日起 30 日内、非生产经营性单位自成立之日起 30 日内，应当向当地社会保险经办机构申请办理工伤保险登记，参加工伤保险。登记事项包括：单位名称、依据、经营地点、单位类型、法定代表人或者负责人、开户银行账号等。

用人单位申请办理工伤保险登记时，应当填写工伤保险登记表，并出示营业执照（三证合一）、法人身份证复印件。

各类企业包括国有企业、私营企业、乡镇企业、中外合资、合作企业、外商投资企业；有雇工的个体工商户，是指在工商部门登记注册，雇佣劳动者为其从事个体生产经营的个体经济组织。

缴费单位的工伤保险登记事项发生变更或者缴费单位依法终止的，应当自变更或者终止之日当天到社会保险经办机构办理变更或者注销手续。

（4）生育保险

凡参加医疗保险的用人单位均可申请参加生育保险。只需提供书面申请即可参加生育保险，不用另报资料，在原发放的医疗保险登记证上加盖参加生育保险章即可。参加员工生育保险的单位不另行办理员工生育保险申报登记手续。

医保中心根据用人单位申报的同期员工基本医疗保险基础信息，建立员工生育保险数据库，并与员工基本医疗保险基础信息同步变更。员工生育保险费缴费工资基数以单位申报的同期员工基本医疗保险费缴费工资基数为准。

女性员工生育时或男员工配偶生育时，生育保险连续缴费满6个月，还要符合国家和省人口与计划生育法律、法规、规章规定生育或实施计划生育手术。连续参保缴费的用人单位因依法关闭、破产、撤销等原因与员工解除劳动关系或劳动合同终止的，其员工在劳动关系解除或合同终止后10个月内发生生育的可享受生育保险。

9.4 申请办理社保的方式

办理社保一般有两种方式，一种是前去社保经（代）办机构办理，另一种是在网上平台申请。

（1）去社保经（代）办机构办理

通常来讲，最好先到当地相关机构实地咨询，以充分了解参保前后须缴纳哪些材料，填写哪些表格，什么流程及其他等。同时，按规定提交相应的资料，对方对提交的资料审核无误后，即可按流程给予办理。

（2）在网上平台申请

除了到社保经（代）办机构实地办理外，还可在网上咨询与办理，更方便、更快捷、更高效。

先在社保经（代）办机构网站上提出申请，录入申请单位的相关信息。填写《社会保险参保个人信息登记表》和《社会保险参保人员增加表》。同时，准备所需的申请材料，并上传至约定的网站。必要时，需携带申请材料到现场办理的务必到现场办理。

9.5 社会保险年检、变更和注销

办理社保后并不意味着就一劳永逸，还需要进行一年一次的年检，以及根据员工的新增或离职情况进行信息变更、账户注销等。

（1）社会保险登记证的年检

每年应按规定参加社会保险登记年检，年检需要审核的内容如表9-5所示。

表 9–5　社会保险年检审核内容

1. 办理社会保险登记、变更登记、以前年检等情况
2. 参加险种、参保人数及变更情况
3. 申报缴费工资、缴纳社会保险费情况
4. 社保经（代）办机构规定的其他内容

年检时须填写《×× 市社会保险登记证年检表》并携带以下相关资料，具体如表 9-6 所示。

表 9–6　社会保险年检审核所提交的材料

1.《登记证》
2. 营业执照、批准成立证件或其他核准执业证件
3. 组织机构统一代码证书
4. 员工工资名册
5. 社保经（代）办机构规定的其他有关证件和资料

（2）社会保险信息的变更

当有新增员工时，需要对员工参保信息进行变更。一般有以下几种情况才允许被变更。

①社保登记信息错误。

如单位名称、单位性质、法人或负责人、主管部门或总机构、单位地址等项目出错，可向有关部门提出更改请求，获得相关机构同意即可变更。另外需要提供登记时所使用的材料，即更改证明材料《社保费登记资料变更申请表》。

②变更姓名。

姓名出现错误的，可提供被保险者的身份证原件、复印件；如果姓名差距较大的，如曾用名等，需要提供户口本原件、复印件；如户口本不显示曾用名，要提供派出所证明或个人档案。

③变更身份证号。

因变更或升级不一致的，提供身份证和派出所证明的原件、复印件；因单位申报错误造成不一致的，提供身份证复印件或单位证明，以及养老保险新增登记表原件及复印件；社保号的变更，需提供档案和单位证明，提供身份证原件、复印件；两人身份证号相互颠倒，需提供双方的身份证原件、复印件，单位出具情况说明（标注“情况属实”），双方当事人签字确认。

④单位整体转出、转入业务

参保单位发生解散、破产、撤销、合并、被吊销营业执照以及其他情形，依法终止社会保险缴费义务需办理注销登记手续时，参保单位应填报《撤户申请表》及相关文件、材料，到社保经（代）办机构办理，社保中心查询无欠费后，予以办理转出手续。

（3）社会保险登记的注销

参保单位发生解散、破产、撤销、合并、被吊销营业执照以及其他情形，依法终止社会保险缴费义务时，应当自发生注销登记事项之日起30日内向所属社保经（代）办机构申请注销登记。参保单位申请注销登记时须填写《单位信息登记变更表》，并提供相关证明材料，经社保经（代）办机构审核后，为其办理注销社会保险登记手续，并收回《登记证》。

参保单位在办理注销社会保险登记前，应当结清应缴的社会保险费、滞纳金、罚款。

《登记证》由参保单位保管，不得伪造、转让、涂改、买卖和损毁。遗失社会保险登记证件的，应当及时向所属社保经（代）办机构提出书面申请并补办。

9.6 社保在财务会计的账务处理

按照社保的内容，社保的财务科目分为养老、医疗、失业、工伤、生育5类。不过，按国家规定，企业的社会保险实行“统一缴费险种、统一缴费基数、统一缴费办法”。

对于大多数企业来讲，在做会计账务处理时会分两种情况来处理。

对于企业年金的个人缴费部分，不得在个人当月工资、薪金计算个人所得税时扣除。但企业缴费计入个人账户的部分是个人因任职或受雇而取得的所得，属于个人所得税应税收入，在计入个人账户时，应视为个人一个月的工资、薪金，不扣除任何费用，按照“工资、薪金所得”项目计算当期应纳个人所得税款，并由企业在缴费时代扣代缴。

对企业按季度、半年或年度缴费的，计税时不得还原至所属月份，均作为一个月的工资、薪金，不扣除任何费用，按照适用税率计算扣缴个人所得税。对因年金设置条件导致的已经计入个人账户的企业缴费不能归属个人的部分，其已扣缴的个人所得税应予以退还。

本章常用单据模板索引

表 1　社会保险登记表模板

单位社会保险登记表 □ 城保 □镇保		
单位全称		
单位联系地址		
主管部门或总机构		
隶属关系		
法人代表或负责人信息		
姓名		
身份证或其他证件号码		
联系电话		
经办人信息		
姓名		
所在部门		
联系电话		
基本账户信息		
开户银行名称		
户名		
账号		
缴费起止年月		
填报人：	填表日期：	单位盖章
附件资料：		

表 2 员工社保人员名单及费用明细表模板

项目 姓名	身份证号	缴费时间	养老保险						医疗保险						失业保险						工伤保险			生育保险		
			公司比例			个人比例			公司比例			个人比例			公司比例			个人比例								
			①	②	③	①	②	③	①	②	③	①	②	③	①	②	③	①	②	③	①	②	③	①	②	③
合计																										
备注	①②③分别代表缴费基数，缴费汇率和缴费额度																									

表 3 企业社会保险信息变更表模板

<table>
<tr><td colspan="6">单位名称（公章）
组织机构代码
社会保险登记证代码：</td></tr>
<tr><td>序号</td><td>姓名</td><td>身份证号</td><td>变更项目</td><td>变更前内容</td><td>变更后内容</td></tr>
<tr><td></td><td></td><td></td><td></td><td></td><td></td></tr>
<tr><td></td><td></td><td></td><td></td><td></td><td></td></tr>
<tr><td></td><td></td><td></td><td></td><td></td><td></td></tr>
<tr><td></td><td></td><td></td><td></td><td></td><td></td></tr>
<tr><td></td><td></td><td></td><td></td><td></td><td></td></tr>
<tr><td></td><td></td><td></td><td></td><td></td><td></td></tr>
<tr><td></td><td></td><td></td><td></td><td></td><td></td></tr>
<tr><td colspan="6">单位负责人： 社保经（代）办理机构经办人：（签章）
单位经办人： 社保经（代）办理机构：（签章）
填报日期：______年____月____日 办理日期：______年____月____日</td></tr>
</table>

表4 社会保险注销表模板

<table>
<tr><td colspan="4">单位名称（公章）
组织机构代码
社会保险登记证代码：</td></tr>
<tr><td>变更时间</td><td>变更项目</td><td>变更前内容</td><td>变更后内容</td></tr>
<tr><td></td><td></td><td></td><td></td></tr>
<tr><td></td><td></td><td></td><td></td></tr>
<tr><td></td><td></td><td></td><td></td></tr>
<tr><td></td><td></td><td></td><td></td></tr>
<tr><td colspan="4">单位负责人：　社保经（代）办理机构经办人：（签章）
单位经办人：　社保经（代）办理机构：（签章）
填报日期：______年____月____日　办理日期：______年____月____日</td></tr>
<tr><td>单位终止原因：</td><td colspan="3">□关闭 □破产 □兼并 □转出 □其他</td></tr>
<tr><td>单位恢复缴费：</td><td colspan="3">恢复缴费□ 恢复原因：（ ）</td></tr>
<tr><td>单位转移去向：</td><td colspan="3"></td></tr>
<tr><td>备　注：</td><td colspan="3"></td></tr>
<tr><td colspan="4">社保经（代）办理机构意见：</td></tr>
</table>

表5 社会保险年检表模板

年度社会保险登记年检表

单位名称（公章）　　社保工作码：

<table>
<tr><td rowspan="6">单位社会保险登记有关事项</td><td>组织机构统一代码</td><td colspan="3"></td></tr>
<tr><td>单位详细地址</td><td colspan="2"></td><td>邮编</td></tr>
<tr><td>法定代表人</td><td></td><td>联系电话</td><td></td></tr>
<tr><td>社保专管员</td><td></td><td>联系电话</td><td></td></tr>
<tr><td>参保登记时间</td><td></td><td>地税管理科</td><td></td></tr>
<tr><td>社会保险登记账号</td><td colspan="3"></td></tr>
</table>

续表

年检内容（单位填写）							
	险种	养老保险	医疗保险		失业保险	工伤保险	生育保险
			基本	补充			
____年缴费情况	参保人数						
	缴纳金额（元）						
____年单位情况	年末实际在册人数						
	____年实际工资总额（万元）						
单位需要说明的其他情况							
以下内容由社保中心填写							
年检有关事项记录							
社会保险经办机构审核意见	审核人（签章）： 年 月 日						

单位负责人（签章）： 填表人（签单）： 填报时间： 年 月 日

表 6 住房公积金汇缴书模板

住房公积金汇缴书

年 月 日

附变更清册____张

单位名称													
单位登记号		资金来源：□财政统发 □非财政统发								汇缴 年 月 日			
缴交金额（大写）		千	百	十	万	千	百	十	元	角	分		
	上月汇缴	本月增加			本月减少				本月汇缴				
人数													
金额													
缴款方式	□支票 □委托收款 □现金送款簿 □汇款												
票据号码					经办网点盖章								
付款银行													
付款账户													
经办网点					经办： 复核：								

第一联 银行经办网点留存

表 7 住房公积金汇缴变更清册模板

____年住房公积金汇缴变更清册

单位名称与代码（单位公章）　　缴交率：个人____%　单位____%　　单位：元 第 页

本月增加汇缴												本月减少汇缴				
新增职工开户							员工原有冻结启封					员工销户、调出、封存、离退休、死亡、其他				
姓名	身份证号码	上年度月平均工资	应缴额 / 月			摘要	姓名	应缴额 / 月			摘要	姓名	本期减少额			摘要
			合计	个人	单位			合计	个人	单位			合计	个人	单位	

单位主管：　　复核：　　制表：　　制表日期：

表 8　社会保险年检信息变更登记表模板

单位名称（章）：　　　　　　　　　　　　　　　　　　年　　月　　日

单位编号	（养老）：			（失业）：			
	（医疗）：						
序号	险种	个人编号	身份证号	变更后身份证号	姓名	变更姓名	备注
1							
2							
3							
4							
5							
6							
……							

参保单位经办：　　　　　　　　　　　　　　经办机构经办人：
参保单位负责：　　　　　　　　　　　　　　经办机构复核人：

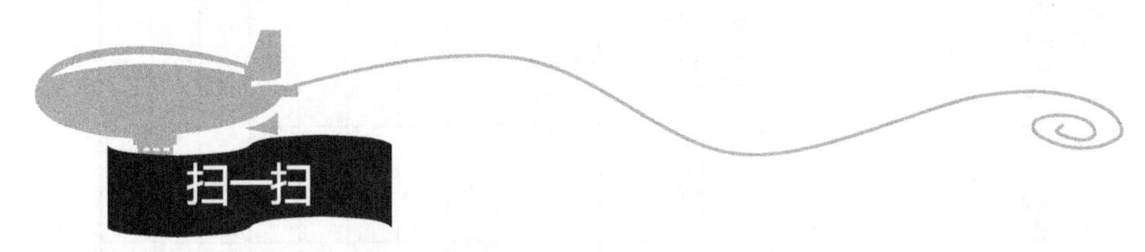

可下载本章电子版表格模板

第 10 章

离职与交接工作

出纳人员需要离职的，需要在规定的期限内，将手里未完成的工作全部移交给继任的人员。但这个移交工作比较繁杂，同时还要受专人监督。所以，出纳人员在离职前需要按照交接规定办理交接手续。

• • •

10.1 离职前的交接工作

为保证企业工作的正常进行，出纳人员在离职前需要办理好一切移交手续。交接内容包括：

①将已受理的经济业务中没有填制的会计凭证填制完毕。

②将没有登记完的账面登记完毕，并在最后一笔余额后加盖经办人员印章。

③将各项应移交的资料整理好，并对没有完成的事项做出书面资料。

④对出纳日记账与现金、银行存款总账，确保现金账面余额与实际库存现金及银行存款账面余额与银行对账单的数额保持一致。如果核对有误，金额不符，就要找出原因，弄清问题所在，加以解决，务求在移交前做到相符。

10.2 编制移交清册

移交手册内容包括自己所负责的会计凭证、出纳账簿、印章、现金、有价证券、支票簿、发票、文件、其他会计资料和物品等；实行会计电算化的企业，以及会计软件名称及密码、会计软件数据及有关资料、实物等内容。

出纳移交清册包括移交表和交接说明书两部分，移交表包括的内容有“库存现金移交表”“银行存款移交表”“有价证券、贵重物品移交表”“核算资料移交表”“物品移交表”“交接说明书”等。

（1）库存现金移交表

该表主要书以库存现金实际的数额，按照币种、币别分别填入库存现金移交表中。

（2）银行存款移交表

考虑到银行存款的存款期限、开户银行的不同，填列时要根据账面数、实有数、币种、期限及开户行等填写。

（3）有价证券、贵重物品移交表

有价证券、贵重物品属于企业出纳接管的财产，移交时，出纳移交人应按清理核对后的有价证券和贵重物品的品种、价值等分别登记。

（4）核算资料移交表

核算资料移交表主要包括账簿（日记账、备查账）、票据、印章、结算凭证、发票、收据、票据领用登记簿等。

（5）物品移交表

物品移交表包括电脑、打印机、点钞机、文件柜等会计用品、办公用品等。

（6）交接说明书

交接说明书是一种辅助交接工作的书面文件，主要用以说明交接人，交接的原因，时间，以及具体的事项。

10.3 办理交接手续

正式办理交接手续时，出纳人员要按移交清册中的事项，逐项移交，按移交清册逐项核对、点收。需要办理交接手续的，一定要手续完备，否则不可轻易交接。

步骤一：根据出纳账和备查账点收现金和有价证券，确定金额是否一致，不一致的要求移交人员限期查清。

步骤二：保证会计资料完整无缺。账簿在交接时，接交人应着重核对账账、账物是否一致，核对无误后，交接双方还应在账簿的“经管人员一览表”上签章，并注明交接的年、月、日。

步骤三：核对银行存款账户余额与银行对账单。如果发现其不一致时，要编制银行存款余额调节表进行调节。经调整，余额仍然不符的，应及时查明原因，明确责任。

步骤四：交接时，移交人将手持的票据、印章盒、其他实物也要交接清楚，以免后期麻烦。

步骤五：交接时要按实际情况把保险柜密码和工作室的钥匙交给接替人。为了安全，交接完毕后要对保险柜密码和工作室的钥匙重新进行更换。

步骤六：如果是实行电算化的企业，其现金日记账、银行存款日记账和有价证券明细账要定期采用计算机打印活页账页。假设出现不满页的情况，也不能在实际操作状态下进行交接，而是将账页打印出来，装订成册，再进行交接。

步骤七：工作计划的移交是要移交人员详细地介绍计划执行情况以及在日后执行过程中可能出现的问题，以便接交人接管后能顺利地开展工作；而待办事项的移交则是要移交人员将处理方法和有关注意事项向接交人交待清楚，以保证工作的延续性。

步骤八：交接完毕，交接双方和监交人，要在移交清册上签名或盖章（移交清册的要求按上述的要求）。

10.4 交接过程中应注意的问题

出纳人员在进行交接时不仅要按上述的步骤进行，还要注意一些相应的问题。这些问题包括以下 6 个：

①交接时一定要有监交人，监交人一般是会计主管，也可请上级领导一同监交。

②交接时，移交人员一定要交接清楚。如果在监交过程中，移交人交代不清，或接交人故意为难，作为监交人员应及时处理裁决。如果移交人不作交代，或交代不清的，不得离职，否则，监交人和单位领导人均应负连带责任。

③交接时，要求交接双方人员当面看清、点数、核对，不得由别人代替。

④交接完毕后，要求接替人及时向开立账户的银行办理更换出纳人员印鉴的手续，检查保险柜的使用是否正常、妥善，保管现金、有价证券、贵重物品、印章等的条件和周围环境是否妥善、安全，如不够妥善、安全，要立即采取改善措施。

⑤为了保持会计记录的连续性，要求接替人应继续使用移交的账簿，不得自行另立新账。另外，为了避免单位造成损失，对于移交的银行存折和未用的支票仍继续使用，不得将其搁置造成浪费。

⑥交接完毕，出纳人员已可以离职，但是仍要对自己经办的已经移交的资料的合法性、真实性承担法律责任，后期如有需要仍要配合清查。

本章常用单据模板索引

表 1 库存现金移交表模板

币种：　　　　　　　　移交日期____年__月__日　　　　单位：元 第 页

币别	数量	移交金额	接收金额	备注
100 元				
50 元				
20 元				
10 元				
5 元				
1 元				
5 角				

续表

币别	数量	移交金额	接收金额	备注
2 角				
1 角				
5 分				
2 分				
1 分				
合计				

单位负责人：　　　　接交人：　　　　监交人：　　　　接管人：

表 2　银行存款移交表模板

移交日期：____年____月____日　　　　　　单位：元　　第____页

开户银行	币种	期限	账面数	实有数	备注
合计					
附：①银行存款余额调节表 1 份； ②银行预留印鉴卡片 1 张。					

表 3　有价证券、贵重物品移交表模板

移交日期：____年____月____日　　　　　　单位：元　　第____页

名称	币种	期限	账面数	实有数	备注
合计					

单位负责人：　　　　移交人：　　　　监交人：　　　　接管人：

表 4　核算资料移交表模板

移交日期：____年____月____日　　　　单位：元　　第____页

日期	数量	移交金额	接受金额	备注
现金收入日记账				
现金支出日记账				
银行存款收入日记账				
银行存款支出日记账				
收据领用登记簿				
支票领用登记簿				
收据				
现金支票				
转账支票				
其他（根据实际需求加项）				

单位负责人：　　　　移交人：　　　　监交人：　　　　接管人：

表 5　物品移交表模板

移交日期：____年____月____日　　　　单位：元　　第____页

名称	编号	型号	购入日期	单位	数量	备注

单位负责人：　　　　移交人：　　　　监交人：　　　　接管人：

表 6　交接说明书模板

出纳交接书说明 移交原出纳 ×××，因工作调动，财务部已决定将出纳工作移交给 ××× 接管，现办理如下交接： 一、交接日期：20×× 年 × 月 × 日 二、具体业务的移交： 1. 库存现金：截至 ×× 年 ×× 月 ×× 日账面余额为 ×× 元，账实相符。 2. 银行存款： 银行账户：×× 银行账户　　截至 ×× 年 ×× 月 ×× 日账面余额为 ×× 元（大写人民币），账面余额与对账单相符。 三、移交的会计凭证、账簿、文件 1.×× 年度银行存款日记账、库存现金日记账各一本； 2.×× 年度银行存款日记账一本； 3.×× 年度现金日记账一本； 4. 转账支票：共 ×× 张（001—00×）， 现金支票：共 ×× 张（001—00×）； 5. 电汇（业务委托书）× 本：共 × 张（001—00×）， 共 × 张（001—00×）； 6. 收据 × 本：（001—00×）； 7. 移交金税卡一张； 8. 对账单：×× 年度 × 月—× 月对账单， ×× 年度 × 月—× 月对账单； 9. 合同共计 ×× 份； 10. 文件：包括所有文件纸质版本及电子版本。 四、印鉴 1.×× 公司财务章一枚； 2.×× 负责人名章一枚。 五、交接前后工作责任的划分：×× 年 × 月 × 日之前由 ×× 负责，×× 年 × 月 × 日起由 ×× 负责，以上交接事项均由交接双方认定无误。 六、保险柜钥匙 ×× 套 七、本交接书一式三份。双方各执一份，存档一份。 移交人： 接管人： 监交人： ×××（印章） ×× 年 ×× 月 ×× 日

可下载本章电子版表格模板

参考文献

［1］侯风均．一学就会的出纳业务真账实操［M］．北京：经济科学出版社，2013.

［2］路玉麟，郑利霞，钟英，等．会计出纳做账纳税岗位实战宝典［M］．北京：清华大学出版社，2014.

［3］包洪信．会计实务操作（会计职业教育系列教材）［M］．杭州：浙江大学出版社，2014.

［4］会计基础工作规范研究组．《会计基础工作规范》解读［M］．北京：中国宇航出版社，2015.

［5］周丽华，张婉婷，等．出纳岗位操作实务训练［M］．3 版．厦门：厦门大学出版社，2015.

［6］国家税务总局全面推开营改增督促落实领导小组办公室．全面推开营改增业务操作指引［M］．北京：中国税务出版社，2016.